# 橋本龍太郎

## 元総理の霊言

戦後政治の検証と
安倍総理への直言

# まえがき

橋本元総理が、ややご機嫌斜《きげんなな》めである。

詳細《しょうさい》は本文《ほんぶん》に譲《ゆず》るが、「アベノミクス」に関する経済的な考え方や、伊勢志摩《いせしま》サミットなどでの安倍現総理の外交姿勢に、何かカチンとくるものがあるのだろう。

これが私の偏見《へんけん》ではないことは、同氏が、私の設立した「幸福実現党」についても、かなり手厳《てきび》しい批評をしているところからも分かるだろう。

本書も一つの手引きとして、日本がなぜ、二十五年間もの経済停滞《けいざいていたい》にはまってしまったのか。本格的に探究、反省してみる必要があるだろう。

日本も大国であるので、その舵取《かじと》りは容易《ようい》ではなかろう。謙虚にいろんな人たちの声に耳を傾《かたむ》ける必要があると思う。

二〇一六年　六月十七日

幸福《こうふく》の科学《かがく》グループ創始者兼総裁《そうししゃけんそうさい》
幸福実現党創立者兼総裁《こうふくじつげんとうそうりつしゃけんそうさい》
大川隆法《おおかわりゅうほう》

# 橋本龍太郎元総理の霊言　目次

# 橋本龍太郎《はしもとりゅうたろう》元総理の霊言《れいげん》

## ――戦後政治の検証と安倍《あべ》総理への直言――

二〇一六年五月二十七日　収録
東京都・幸福の科学総合本部にて

「霊言現象《れいげん》」とは、あの世の霊存在の言葉を語り下ろす現象のことをいう。これは高度な悟《さと》りを開いた者に特有のものであり、「霊媒現象《れいばい》」（トランス状態になって意識を失い、霊が一方的にしゃべる現象）とは異なる。

なお、「霊言」は、あくまでも霊人《れいじん》の意見であり、幸福の科学グループとしての見解と矛盾《むじゅん》する内容を含《ふく》む場合がある点、付記しておきたい。

# 橋本《はしもと》龍太郎《りゅうたろう》元総理の霊言《れいげん》

## ―戦後政治の検証と安倍《あべ》総理への直言―

二〇一六年五月二十七日　収録
東京都・幸福の科学総合本部にて

橋本龍太郎《はしもとりゅうたろう》（一九三七〜二〇〇六）

政治家。岡山《おかやま》県出身。政治家・橋本龍伍《りょうご》の長男として生まれる。一九六〇年、慶《けい》應義塾《おうぎじゅく》大学法学部卒業後、呉羽紡績《くれはぼうせき》に入社。一九六三年、父の急逝《きゅうせい》に伴《ともな》い衆議院選挙に出馬し、二十六歳《さい》で初当選を果たす。厚生大臣、運輸大臣、大蔵《おおくら》大臣、通産大臣などを歴任し、一九九六年に内閣総理大臣に就任。消費税五パーセントへの引き上げ等を実施《じっし》した。

質問者　※質問順

里村英一《さとむらえいいち》（幸福の科学専務理事〔広報・マーケティング企画《きかく》担当〕兼《けん》ＨＳＵ講師）

斎藤哲秀《さいとうてっしゅう》（幸福の科学編集系統括《とうかつ》担当専務理事
兼 ＨＳＵ未来創造学部芸能・クリエーターコースソフト開発担当顧問《こもん》）

宇田典弘《うだのりひろ》（幸福の科学副理事長 兼 総合本部長）

［役職は収録時点のもの］

# 1　怒《いか》れる元総理・橋本龍太郎《はしもとりゅうたろう》氏を招霊《しょうれい》する

## 霊言《れいげん》前から「類を見ない機嫌《きげん》の悪さ」を見せた橋本《はしもと》元総理の霊

大川隆法　先週末ぐらいから、橋本龍太郎《はしもとりゅうたろう》元総理の霊《れい》が、「霊言《れいげん》をしたい」ということで来ておられました。

　しかし、都知事の舛添要一《ますぞえよういち》さんの守護霊《しゅごれい》も来ておられて、あちらが「緊急《きんきゅう》性が高い」とおっしゃるわけです。「録《と》るのが遅《おそ》くなって、意味がなくなるといけないから、早くやってくれ」と言われ、「それはそうだな」と思ったので、あちらを優先しました（二〇一六年五月二十一日に舛添要一都知事の守護霊霊言を収録。『守護霊インタビュー　都

『守護霊インタビュー　都知事　舛添要一、マスコミへの反撃』
（幸福の科学出版刊）

知事　舛添要一、マスコミへの反撃《はんげき》』（幸福の科学出版刊）参照）。

そのため、橋本元総理のほうは、二回ほど収録を延ばさせていただきました。「仙台《せんだい》での講演が終わってからお願いします」というようにお約束をしていたので、今日、早めに録ろうとしている次第《しだい》です（注。本霊言収録の三日前、五月二十四日に仙台サンプラザホールにて、講演「救いのメカニズム」を行《おこな》った）。

ただ、何か、ちょっと（橋本元総理の霊の）機嫌《きげん》が悪そうな感じがしているので、質問者のみなさんには申し訳ないと思っています。〝犠牲者《ぎせいしゃ》〟が出ないことを祈《いの》りつつも、そのときには〝冥福《めいふく》〟を祈りたいと思います（会場笑）。私の口を通すと、かなりきついだろうと思うので、本当は、そちら（スピリチュアル・エキスパートの宇田）のほうに入れたほうがよいのかもしれません。

さあ、受けて立てるでしょうか。もし、今日はこちらにはいない幸福実現党の職員のことをメチャメチャに言われたら、どうしましょうか。もう、使い物にならなくなる可能性も多少あります。〝機嫌が悪い〟感じがするんですよね。

安倍《あべ》首相も、（伊勢志摩《いせしま》）サミットを開いて盛り上がっていますから、そんなところも関係があるのかもしれませんし、消費税絡《がら》みであるのかもしれませんし、ちょっと分かりません（注。本霊言が収録された二〇一六年五月二十七日は伊勢志摩サミットの最終日だった）。

「収録前の感じ」と、「機嫌の悪さ」としては、類を見ない感じで、二時間ぐらい前から機嫌が悪いので、そうとうきていますね。幸福実現党の活動が、この人の業績を引っ繰《く》り返すようなことになっているのかもしれませんし、あるいは、安倍首相について何かあるのかもしれません。

ただ、幸福の科学そのものは、「政界への影響力《えいきょうりょく》」という意味では、橋本政権あたりのころが不思議にいちばん強かった時代です。そうとう直接的な影響を政策にまで与《あた》えていましたし、幹事長や大臣などにまで、非常に影響を出していた時期ではあります。

（質問者を見て）少なくとも〝クッション〟が二つはあるので、そちらで怒《おこ》られてもらいましょうか。私は、今日の質問者には、女性の方でも用意したほうがよいのではないかとも思ったのですが、手頃《てごろ》な方がいませんでした。一定の年齢《ねんれい》が必要だろうし、チャイナドレスが似合うようなタイプの方だったら、もっといいと思ったのですが（会場笑）。「男性だと、もう、もたないのではないか」という感じがするのですけれども、どうでしょうか。

とりあえず、今日は、〝剣道《けんどう》六段の剣〟を受けてみようというところです。慶應《けいおう》義塾《ぎじゅく》大学在学時代から、剣道をずっとされていたので、お強いですよね。社会人になってからもされていましたし、大臣時代も、大蔵省《おおくらしょう》（現・財務省）の地下の道場か、警察庁の下だったか忘れましたが、ときどき行って、現役《げんえき》の方々ともされていたような方なので、ストレスが溜《た》まると、バシバシと叩《たた》きたくなる感じなので

通産省内の剣道場で稽古に臨む、首相時代の橋本龍太郎氏。

はないかなと思います。

## 死後十年がたつ元総理大臣・橋本龍太郎氏を招霊《しょうれい》する

大川隆法　まあ、あまり長く話さないほうがよいでしょう。（質問者に）では、あとはよろしくお願いします。場合によっては、公開できないレベルになる可能性もあります。小渕恵三《おぶちけいぞう》さんとは対照的な性格であり、拗《す》ねたら、もう、箸《はし》にも棒にもかからない感じになる可能性はあるので、難しいとは思いますが、でも、頑張《がんば》ってはみます。

亡《な》くなられてから十年もたっているので、（ご自身が）亡くなられたことを自覚していないようなことは、おそらくないでしょう。

総理時代にも、稟議《りんぎ》のようなものが来たら、大臣や次官、局長などではなく、最初に起案したいちばん下の課長補佐《ほさ》ぐらいのところにまで、直接、電話を入れてきて、内容について問いただすというほどの細《こま》かさで、みな震《ふる》え上がっていたようかなので、そうとう「細かい目」を持っていらっしゃる方かもしれません。
では、あとは適宜《てきぎ》、よろしくお願いいたします。分《ぶ》が悪くなったら、「また別の機会に」ということもあるかもしれません（笑）。

里村　（笑）

大川隆法　それでは、行きますね。

斎藤　お願いします。

大川隆法　では、元総理大臣・橋本龍太郎先生を、幸福の科学総合本部にお呼びし、政局絡み、あるいは、政治活動全般《ぜんぱん》、幸福の科学や、日本の国のあり方等について、多様な意見を賜《たまわ》れれば幸いです。

橋本龍太郎元総理の霊《れい》よ。

どうぞ、幸福の科学総合本部に降りたまいて、われらにご指導くださいますよう、心の底よりお願い申し上げます。

（約十秒間の沈黙《ちんもく》）

橋本龍太郎（1937 ～ 2006）

第 82・83 代内閣総理大臣を務めた橋本氏は、約 2 年半の在任期間中には数々の施策を断行。外交においては、アメリカと交渉し、普天間《ふてんま》飛行場の全面返還の合意と名護《なご》への基地移転の道筋をつけるとともに、ロシアのエリツィンとの信頼関係を築き、日露平和条約の締結に向け、「クラスノヤルスク合意」を果たした。しかし、村山内閣時に内定していた消費税 5 パーセントへの引き上げを実施した点については、後《のち》に「実施のタイミングを誤って経済低迷をもたらした」と、自ら謝罪の意を表明している。「橋龍」の愛称で高い支持を集め、国民的人気を博した。

## 2　安倍《あべ》総理は「国民を弄《もてあそ》んでいる」

### 「俺《おれ》にはおべんちゃらは通じねえから」

里村　橋本元総理でいらっしゃいますでしょうか。

橋本龍太郎　だろうよ。

里村　はい。本日は、このように、話をお聞きする機会を頂きまして、まことにありがとうございます。

橋本龍太郎　ふーん。

里村　時あたかも、本日（二〇一六年五月二十七日）は、伊勢志摩《いせしま》サミットの最終日ということで、午前中には首脳《しゅのう》宣言も発表されました。

橋本龍太郎　ふーん。

里村　私の二十年前の印象なんですけれども、本当の意味で、日本の政治家が、アメリカ、あるいはロシアといったところの海外の首脳に対して、きちんと物申すという政治をされるようになったのは、橋本元総理以来ではないかと思っています。

今、「世界経済にも危機が」とは言われておりますけれども、今日は、ぜひ、現代にも通用する、橋

1996年4月17日、日米安保共同宣言に署名した橋本総理とビル・クリントン大統領。

本元総理のお知恵《ちえ》を賜《たまわ》れればと思っていますので、よろしくお願いいたします。

橋本龍太郎　なんで？　なんでやらないといかんわけ？

里村　いや、今から考えると、九〇年代という怒濤《どとう》の時代に、二年間も政権を担《にな》われた……。

橋本龍太郎　おまえなあ、「二年間も」ってねえ、もう、〝嫌《いや》み〟があるんだよ、おまえ。ええ。ええ？

里村　嫌みではございません（苦笑）。

橋本龍太郎　言葉にトゲがあるんだよ。

里村　いえいえ。大変な時代でした。

橋本龍太郎　え？　うーん。

里村　私も、改めて振《ふ》り返ったのですけれども、本当に、日米の関係とか、日露《にちろ》とか……。

橋本龍太郎　あ、俺《おれ》にはおべんちゃらは通じねえからね。

里村　いやいやいや。

橋本龍太郎　え？

里村　おべんちゃらを言うつもりはございません。

橋本龍太郎　え？　え？　〝道場〟から叩《たた》き出すぞ。

里村　分かりました。もう、真剣勝負《しんけんしょうぶ》のつもりで。

橋本龍太郎　ああ、しなくていいよ。もう相手にならないから、真剣勝負なんて。

里村　話をお聞かせいただきたいんですけれども……。

橋本龍太郎　ああ、〝贅肉《ぜいにく》〟を削《そ》ぎ落としてな、大事なことだけしか言わんからさ。

里村　はい。分かりました。

伊勢志摩《いせしま》サミットでの安倍《あべ》総理はどのように見えたか

里村　本日はサミットがあり、安倍《あべ》さんが司会役をしていましたけれども、霊界《れいかい》からは……。

橋本龍太郎　いや、もう、「サミット」って聞くたびに、何か、カリカリくるんだがなあ。もう、ほんとに気分悪いなあ。

里村　「サミットが」ですか。

橋本龍太郎　うーん。気分悪いなあ。

里村　それでは、ちょっと言葉を換《か》えます。

橋本龍太郎　チッ！（舌打ち）　うーん。

里村　今、日本では、安倍総理がリーダーシップを取っていますけれども、そちらからは、どのようにご覧になっていますか。

橋本龍太郎　安倍ちゃんがねえ。

里村　安倍ちゃん……（笑）。

橋本龍太郎　安倍ちゃんがねえ、ええ格好《かっこう》をしてね？　安倍ちゃんがねえ。

里村　はい（笑）。

橋本龍太郎　ハッ！　伊勢神宮《いせじんぐう》にみんなを引き連れて、ええ格好をしとるじゃないかあ。ええっ？

里村　はい。

橋本龍太郎　偉《えら》くなったもんだなあ。ええ？

里村　昨日《きのう》の午前中は、各国首脳を、伊勢神宮のなかにお連れしたりしていました。

2016年5月26～27日に行われた第42回主要国首脳会議（伊勢志摩サミット）の初日、安倍総理の案内により、各国首脳は伊勢神宮を訪問。二礼《れい》二拍手《はくしゅ》一礼による参拝は行われなかった。

橋本龍太郎　ああ。ええ格好をしとるな。大したもんだ。

里村　ほう。「大したもの」ですか。

橋本龍太郎　偉くなったもんだねえ？　もうね。あれは、大臣は官房長官《かんぼうちょうかん》の一つぐらいしかしてないんじゃないのか？

里村　そうですね。

橋本龍太郎　ね？　ようできるもんだな。総理大臣が。

里村　ええ。

橋本龍太郎　総理大臣っていうのは、実に、風格があればできるんだな。ああ？

里村　二〇〇七年に、一度、失敗しておられてはいますけれども。

橋本龍太郎　うーん。あれは、お腹《なか》を痛めたんだろ？

里村　そうです。

橋本龍太郎　うん、うん。

安倍《あべ》総理がしていることは政治ではなく〝ままごと〟

里村　そうすると、橋本元総理からご覧になると、やはり、「まだまだくちばしの黄色いガキである」と？

橋本龍太郎　何を言ってんだか、さっぱり分かんねえよ、あの人はな。

里村　ああ、彼は？

橋本龍太郎　うーん。君（里村）も分からんけど、彼もそうだよね。

里村　いや、すみません。

橋本龍太郎　何がしたいんだろう。ねえ？　まあ……、時代が変わったんかもしらんけどさ。あれも、へへッ……（苦笑）。マスコミを〝たらし込《こ》む〟のがうまいでなあ。ほんとな。確かにな。

里村　確かに、橋本元総理のころは、「マスコミのトップ」と「総理大臣」が、当たり前のように食事をするということは、それほど頻繁《ひんぱん》には……。

橋本龍太郎　バッカバカしい。

里村　バカバカしい？

橋本龍太郎　できねえよ、あんなもんは。ねえ？

里村　ええ。

橋本龍太郎　くっだらねえ。時間の無駄《むだ》だろう？

里村　そういう意味では、もう、〝なあなあ〟の政治になっている？

橋本龍太郎　ええ？　あれが政治だとすればな。

里村　「あれが政治だとすれば」ですか。

橋本龍太郎　うーん。

里村　では、今、安倍《あべ》さんがしているのは、何なんでしょうか。

橋本龍太郎　知らんよ！　何をやってるんだか。

里村　政治ごっこ？

橋本龍太郎　知らんなあ。〝ままごと〟だよね。

里村　ままごとですか。

橋本龍太郎　うん。

## アベノミクスに対する評価は「くだらない」

里村　今、おっしゃったことについて、ぜひ、お教えいただきたいです。橋本元総理から見て、「（安倍総理の）どういうところが」など、具体的なお言葉を頂けないでしょうか。

橋本龍太郎　別に、いなくてもいいんじゃないの？　いてもいなくても、別に。君が座《すわ》ってもいいんじゃない？

里村　ほう。

橋本龍太郎　君が、伊勢神宮の参道《さんどう》の真ん中に立ってたら、君がいちばん〝偉く〟見えるんだよ。

里村　（笑）いえいえいえ。

橋本龍太郎　それだけのことだよ。

里村　いえいえ。とんでもないです。

橋本龍太郎　それで、横を見てね、口をパクパクしたら、何かしゃべっとるように見えるだろ？

里村　うーん、なるほど。

橋本龍太郎　通訳もあるしな。パクパクしてりゃいいんだよ。

里村　そうすると、安倍総理は、そういう立場であると？

橋本龍太郎　そうよ、「ビューティフル」とかね？

里村　本当に英語を話しているのかなという感じで見てるのですけども（会場笑）。

橋本龍太郎　いやあ、あのね、「ワンダフル」とか、そのくらいは言ってると思うよ、たぶんな。

里村　（笑）

橋本龍太郎　アッハハハハハハ……（笑）。

里村　ぜひ、安倍総理の物足りない点などを……。

橋本龍太郎　そんなもん言ったって、しょうがないじゃないか。全部物足りないんだからさ。

里村　全部物足りない？

橋本龍太郎　うーん。

里村　では、具体的にお伺《うかが》いしますが、「アベノミクス」というものを、安倍さんが自分で称《しょう》して……。

橋本龍太郎　くっだらない。そういうのはね、もう、マスコミが、「アベノミクス」なんてものを、ほんとに使う時点で納得《なっとく》いかんね。ねえ？　「アホノミクス」っていうのがあったっていうわけだよな？

里村　ええ。

橋本龍太郎　そんな「アベノミクス」なんて、よくまあ、日本人のくせに恥《は》ずかし気《げ》もなくやるね。

里村　ああ。そういう横文字の経済政策を……。

橋本龍太郎　なんか、こいつは出だしから偽物《にせもん》だよな。最初からな。そういうのはなあ、「看板倒《だお》れ」っていうんだ。

## 安倍《あべ》総理の頭のなかには「どう報道されるか」が先にある

里村　特に、昨日から今日あたりの報道を見ると、「消費税増税の先送り」を言っています。これは、もう、二回目になるんですけれども。

橋本龍太郎　うん、弄《もてあそ》ぶのはいい加減にしたほうがいいんじゃないかな。弄んでるわ。どう見てもな。

里村　それは、「国民を弄んでいる」ということでしょうか。

橋本龍太郎　「国民」も、「政策」も、「政治」もな。だから、全部、弄んでるわな。

里村　私も、もう「騙《だま》されるな」というか、「騙すなよ」と言っておきたいです。

橋本龍太郎　だから、赤ん坊《ぼう》を泣き止ませるために、飴玉《あめだま》で〝操作〟してるような、そんな感じかな。

里村　ええ、ええ。

橋本龍太郎　こいつの頭のなかにはさ、全部、「これをやったら、記事がどうなるか」とか、「見出しがどうなるか」とか、「放送のヘッドラインがどうなるか」とかさ、きっと、そういうのが先にあるんだ。

里村　はあ……。

橋本龍太郎　それが先にあって、やることを出してるんだと思うよ。こういうタイプは、俺、嫌《きら》いなんだよ。

里村　ああ。

橋本龍太郎　「俺はやりたいことをやるけど、それをどう報道するかはおまえらの勝手だろ、やれよ」というような感じが、俺の立場だからさ。

（安倍《あべ》総理は）「これがどういうふうに載《の》るかを考えた上で、やる」みたいなのをやってるよ、明らかにな。それが〝進んだ政治〟なのかもしらんけどさあ。二十年、進んだ……。

里村　いえいえ。橋本元総理のときは、「痛みを伴《ともな》う増税」を堂々と訴《うった》えながら、選挙で勝利したということもございましたから。

橋本龍太郎　負けたこともあるしな。

里村　あれに関しては、私も本当に、いろいろと思うところはあります。

橋本龍太郎　うんうん。

## 「何かをやったかのように見せる」のがうまい安倍《あべ》総理

里村　今から十八年前の七月の参院選の結果については、またあとでお伺いしたいのですけれども、そうすると、橋本元総理からご覧になって、やはり、今の日本の政治は、ポピュリズムの方向に流れていると思われませんでしょうか。

橋本龍太郎　ポピュリズムねえ。政治家は、それを認めたら終わりだろうよ。

里村　本人は絶対に認めないと思いますけれども。

橋本龍太郎　いやあ……。俺も二世議員だからさあ。あんまり人のことは言えんけどさ。実力だけでなったわけじゃねえからさ、俺も言えんけどさ。
うーん、あの程度の〝手品《てじな》〟に乗せられるようじゃ、ちょっとな。フッ（笑）。

里村　〝手品〟？

橋本龍太郎　うん、残念だね。誰《だれ》かついてるのかもしらんがなあ。〝演出〟を手伝ってる人がいるのかもしらんけどな。フフ（笑）、よくやるよな。

里村　今、「手品」とおっしゃいました。例えば、それはどのような点でしょうか。

橋本龍太郎　実績が何にもなくても、やったように見せるのがうまいじゃない？　とってもさ。

里村　はい。確かに。

橋本龍太郎　ハット（帽子《ぼうし》）のなかからさあ、鳩《はと》なんかいやあしないのに、そこから鳩を出したように見せたりするよな。ああいうのはうまいよな、ほんとな。

里村　なるほど。

## 3 安倍総理は「経済が分かってない」

### 安倍総理がすべきことは「辞任すること」

里村　確かに、株価は、安倍《あべ》さんが総理に就《つ》く前よりも上がったとはいえ、そんなに目立った成果があったわけではないと思います。また、国民のほうも、全然、「景気がよくなった」という実感がないのに、まるで、安倍総理が何かやったかのように錯覚《さっかく》をしているところはございます。

橋本龍太郎　うーん。だから、「アベノミクス」っていう名前、看板だけを、世界中に売って歩いたと。そういう「アベノミクス」っていう看板のセールスマンだよな。トランジスタ（ラジオ）のセールスマンじゃなくてな。「アベノミクス」っていう看板のセールスマンをやって、世界中に行きまくってたということだな。

里村　そうすると、要するに、「安倍さんは、日本を売り込《こ》んでいるのではなく、自分を売り込んでいるだけである」ということでしょうか。

橋本龍太郎　そう、そう、そう。歴史に名前を遺《のこ》したいんだろうとは思うがな。だけど、ちゃんとやるべきことをやってから遺してくれよなあ。

里村　例えば、「今、安倍さんがやるべきこと」というのは、橋本総理からご覧になると、どのような点でしょうか。

橋本龍太郎　いや、それは、辞任することでしょうよ。

里村　え？　辞任？（苦笑）

橋本龍太郎　それは、辞任でしょう（笑）。それ以外ないっしょ。何があるんですか、それ以外。

里村　いや、自民党の総理を経験された、何人かの霊人にここでお話をお伺《うかが》いしましたが、これだけズバッと、「辞任すべきだ」とおっしゃる人はいませんでした。

橋本龍太郎　ほかにないでしょう。伊勢神宮《いせじんぐう》で〝切腹《せっぷく》〟してもいいけどね。いいんじゃない？　お白洲《しらす》の上でポンッと切って、神様の前で切腹したら。「アベノミクス失敗につき、切腹」とかやったら、それは潔《いさぎよ》いわ、それなりにな。それはいいよ。散り際《ぎわ》がいい。

里村　やはり、その「切腹すべきだ」というところの最大の理由は、「何もやっていないのに、やってるように見せかけている」ということですか。

橋本龍太郎　だから、「国民を謀《たばか》った罪」だな。謀ったな。期待を持たせてな。うまいこと謀って、マスコミも謀ってな。そういう期待を持たせて、いじくって、いじくって、操作して、結局、落ちるところに落ちていこうとしてるわな。今の感じはな。

## G7《ジーセブン》での財政出動の話も「本気じゃない」

里村　そうすると、橋本総理からご覧になると、今、「安倍総理と日本が一緒《いっしょ》に落ちていくような感じに見えている」ということでしょうか。

橋本龍太郎　あいつ、経済、何にも分かってないんじゃねえ？　本当は。周りがささやくのを聞いて、あっち動いたり、こっち動いたりしてるだけでさ。ほんとは何にも分かってないんじゃねえか。そんな感じだな。

サミットだって、自分らは消費税上げ、なあ？　法律でも通しておいてさ、来年。そしたら、「リーマン・ショック級の大恐慌《だいきょうこう》が来る直前のような感じがするから、G7《ジーセブン》のみんなで財政出動をして、協調してやろう」みたいなことを言ったりしてるけど、これだって、本気じゃないだろう。「自分のストーリー」の説得材料に、ほかのを巻き込んでやろうとしてるだけだよな、本当はな。

里村　はい。

橋本龍太郎　そういうふうに見えるようにして、議長国の顔を立てて、みんなが〝ヨイショ〟をかけてくれるのをうまく利用しようとしてるよな。〝浮力《ふりょく》〟にな。見え見えだな、ほんとな。

●法律でも通しておいて……　2015年3月31日、「2015年度税制改正関連法」が国会で成立したことにより、2015年10月に予定していた消費税増税（10%への引き上げ）を2017年4月に延期することが決定した。また、この際、景気情勢次第で増税を停止できる「景気条項」が削除された。

里村　確かに、安倍総理は、消費税上げについても、わざわざ外国のノーベル賞経済学者を引っ張ってきて、発言させたりしています。そして、今回が……。

橋本龍太郎　G7だろう？　次な。

里村　はい。要するに、今回も「リーマン・ショック級の、世界経済の後退があるかもしれない」と言って、G7を利用しているわけです。

橋本龍太郎　で、気を持たせてね？　早く新聞に書きたいやつを、引っ張って、引っ張って、引っ張って、気を持たせて、ダーッと〝脱《ぬ》がそう〟としてい

2016年3月22日に行われた国際金融経済分析会合では、ノーベル経済学賞を受賞したニューヨーク市立大学のポール・クルーグマン教授（写真右手前）にアベノミクス政策への意見を聞いた。（写真：内閣官房内閣広報室）

るんだろうと思うけどな。

このへんのところについては、多少、才能があることは認めてやるけどさ。親父《おやじ》さん（故・安倍晋太郎《しんたろう》氏）も、毎日新聞の記者をしてたんだろうからさ。そういう才能がちょっとあるんだろうなあとは思うけどさ。ただ、「中身があるかどうか」な。それは疑問だわな。

# 4　橋本元総理が述懐《じゅっかい》する「消費増税の失敗」

## 橋本元総理は、自身が消費増税したことをどう思っているのか

斎藤　橋本首相の時代の、九七年に「消費増税」ということで、三パーセントから五パーセントに上げられました。一見、景気もすごくよくなったように見えましたが、計算してみますと、確かに、九八年には消費増税によって四兆円は増えたのですが、九九年になると、所得税と法人税で六兆五千億円の税収減になってしまいました。

橋本龍太郎　うん。

斎藤　それで、「いけない」ということに気づかれたようで、二〇〇一年の総裁選の立会《たちあい》演説会などのときには、そのダメージについて、「緊縮《きんしゅく》財政をやり、国民に迷惑《めいわく》をかけました。心からお詫《わ》びをいたします。私の友人も職を失ったり、自殺したりしました。財政の健全化を急ぐあまり、経済低迷をもたらしてしまいました」というような趣旨《しゅし》の謝罪をされたことも報道されています。

消費税に関して、三パーセントから五パーセントに上げたわけですが、今、振《ふ》り返ってみたときに、「この増税は間違っていた」と思っておられるのですか。それとも、それをよしとされているのでしょうか。

2001年4月の自民党総裁選の立会演説会では、消費増税に対する反省を率直に語った橋本龍太郎元総理。小泉純一郎《こいずみじゅんいちろう》、亀井静香《かめいしずか》、麻生太郎《あそうたろう》の4氏が立候補し、小泉氏が選出された。

橋本龍太郎　うーん、だから、まあ、意見はいろいろあるけどな。確かに、景気は回復基調にはあったからな。増税を考えるタイミングではあったんだけれども、いろんな人の意見によりゃあ、半年ぐらい早かったのかなって。「あと半年ぐらい見てからのほうがよかった」と言われてはおるんだけどなあ。

本格回復まで入ってたらよかったんだけど、その兆《きざ》しのあたりのところで（増税を）やってしまったので、「腰《こし》を折っちゃった」っていうのかなあ。

バブル潰《つぶ》しで不況《ふきょう》が来たあと、私あたりの政権で、もう一回、巡航《じゅんこう》速度で景気が発展していくほうに乗せなきゃいけないときに、腰を折ったからさ。それで「二十五年不況」とか言われているんで。それは責任は重大だと、自分では思ってはいるよ。

だから、アベノミクスだって、それに挑戦《ちょうせん》してきたもんなんだろうけどさ。そういう流れにな。

## 橋本元総理が増税に踏《ふ》み切った理由とは

宇田　私も拝見していて、橋本元総理が現職のときには、経済や財政のことをよくご存じなんだと思っていたのです。ところが、「増税」に踏《ふ》み切られました。それは、総理のご本心だったのでしょうか。それとも、旧大蔵省《おおくらしょう》からの圧力だったのでしょうか。そのあたりの真実はマスコミも報道していないので、お伺《うかが》いしたいと思います。

橋本龍太郎　いやあ……。それはタイミングは窺《うかが》ってましたけどね。うーん……。確かに、景気はちょっと回復の兆しが出てはいたのは、そのとおりなんですが。いや、これについては三塚《みつづか》（博《ひろし》）君からね、大川隆法先生も、「今は増税してもいい」という意見を言われたので、「増税」ということで踏み込《こ》んだんだが。

里村　「増税してもいい」というようなことではなかったと思いますが……。

橋本龍太郎　そうかねえ。なんか「もういい」っていうことだったんだけどなあ。

里村　いやいや……。

ただ、その前の日米自動車交渉《こうしょう》のときは、「これは絶対に妥結《だけつ》させなきゃいけない。決裂《けつれつ》させてはいけない」という部分は、通産大臣時代の橋本総理のほうにもいろいろとお伝えはしました。

橋本龍太郎　うーん……。

斎藤　大川総裁の解説でもございましたが、二十年前は、幸福の科学も政党をつくってはいなかったものの、ものすごく政治的発言をしていました。

●日米自動車交渉　1993年から、ミッキー・カンター米通商代表部代表と橋本龍太郎通産大臣との間で行われた交渉(1995年6月に決着)のこと。米国側は、日本製高級車の輸入に際し100%の関税をかけると表明。それに対し、日本側は強硬姿勢を示していたが、最終的に双方が歩み寄り、アメリカによる制裁発動は回避された。

そのなかで、当時、日米自動車交渉が決裂しそうになり、大川総裁は「危ない」と読まれました。そして、「絶対に決裂してはならない。日本は譲歩《じょうほ》して妥協し、妥結しろ」ということを、三塚さんを通して、内閣に強烈《きょうれつ》なネゴシエーションでグッと言ったのです。このことは、説法《せっぽう》でもおっしゃっています（『新生日本の指針』〔幸福の科学出版刊〕参照）。

橋本龍太郎　うーん……。

斎藤　しかし、本当に消費税を推進したのかどうかというのは、ちょっと……。

東京ドームで行われた1995年御生誕祭法話「新生日本の指針」。日米貿易摩擦への提言のほかに、北朝鮮や中国の核問題の懸念や香港・台湾問題の行方《ゆくえ》など、今日の政治的課題を20年以上先取りする数々の政治的提言がなされている。

橋本龍太郎　いやあ、うーん……。利上げについては言ってきたと思うんだよな、確かかな。利上げをな。「そろそろ利上げをしなきゃいけない」ということは言ってきたんだ。

里村　確かに、利上げというのは、当時、「ザ・リバティ」（幸福の科学出版刊）が言いました。ただ、それは、まさに景気回復途中《とちゅう》にありましたから……。

橋本龍太郎　いや、僕《ぼく》らと君らは一蓮托生《いちれんたくしょう》じゃねえか。いやあ、「沈《しず》むなら　一緒《いっしょ》に沈んでしまえ　ホトトギス」だから。

里村　いや、一緒に沈むわけにはまいりません（笑）。

「大川総裁の言うとおり、日銀特融《とくゆう》をやるべきだった」

里村　橋本総理の時代、特に一九九七年の後半に、山一證券《やまいちしょうけん》や北海道拓殖《たくしょく》銀行が破綻《たん》しました。

橋本龍太郎　うーん、そうだなあ。

里村　日本の景気が回復基調にもかかわらず、マスコミが仕掛《しか》けてあのような銀行の破綻、証券会社の破綻を起こしていったことを、当時、「ザ・リバティ」でも批判しました。私は、その当時の「景気の腰折れ」というのは、もちろん、消費増税のタイミングの是非《ぜひ》はあったでしょうが、実は、あのときのマスコミの悪影響《えいきょう》が非常に大きいのではないかと思っています。

かつて山一證券の本社だった東京都中央区の茅場町《かやばちょう》タワーは、同社が1997年に自主廃業した前年に新築されたばかりだった。

橋本龍太郎　うん、だけどさ、君らが言ってくるから、三塚を大蔵大臣にしてたけどさあ。あれがほんま国会答弁でさ、ハッ！（笑）、「市場《しじょう》のことは市場に聞け」とか、バカみたいなことを言いよってから、ほんまに（笑）。あれで終わってしまったんだからさ。ほんまに、「大蔵大臣の立場でそんなことを言うかよ」っていう（笑）。

だからさ、いやあ、大川先生は、そんなの、「日銀特融《とくゆう》をやれ」っていうご意見だったけど、三塚は頭も動きも悪いからさ。〝とろかった〟んでさあ。田中角栄《たなかかくえい》とは違うかったからさあ。

だから、大川総裁の言うとおり「日銀特融」に踏み込んだら、あれは回避《かいひ》できたけど。遅《おそ》かったよな、あいつはな。

里村　はい。

●日銀特融　経営不振で資金不足に陥《おちい》った金融機関に対し、政府の要請を受けた日本銀行が、無担保・無制限に行う特別融資のこと。

## 5 「バブル潰《つぶ》し」の真犯人は誰《だれ》か

### 「グローバリズムの正体」を見抜《みぬ》けなかったことを悔《くや》しがる

橋本龍太郎　チッ！　あのときはちょっと、うーん、残念だねえ。何かね、急に乱気流状態が起きたのと、もう一つなあ、根本的に騙《だま》されたのは……、アメリカにな。根本的にアメリカにやられたのが……。

斎藤　えっ？　アメリカに、どのように騙されたんですか。

橋本龍太郎　アメリカの「グローバリズム」っていうのがな、そうとう強くグワーッと来てたけど、あのグローバリズムの正体が見抜《みぬ》けなかったところが、根本的な無明《むみょう》だなあ。「日本の経済を潰《つぶ》すのがグローバリズムの意味だった」っていうのは、知らんかった。

里村　例えば、最近あまり言いませんが、●BIS《ビス》規制とか……。

橋本龍太郎　そうだねえ。

里村　ああ……。

橋本龍太郎　（アメリカは）もう知ってたはずだ、あれは。今から見れば、どう考えてもなあ、「これをやったら日本経済は終わりだ」っていうのを知っててやった。そのくらいの賢《かしこ》さはあるわ。ちゃんと知っててやったに違《ちが》いない。

●BIS規制　バーゼル銀行監督委員会が公表した「国際業務を行う銀行に課した自己資本比率規制」のこと。G10 諸国を対象に、自己資本比率 8%を達成できない銀行は、国際業務からの撤退を余儀なくされることになった。日本では 1993 年 3 月末から適用が開始された。

里村　うん、うん。

橋本龍太郎　これを見抜けなかったのが、ちょっとな……。「世界の経済が一つになる」みたいな感じの〝あれ〟で、うまいことやられて。「チッ！　しまったあ！」っていうね。

里村　「グローバリゼーション」という言葉が、いちばん……。

橋本龍太郎　あれはね、抵抗《ていこう》できないけど、「アメリカナイゼーション」だよな？　はっきり言やあな。

だけど、アメリカナイゼーションは結局、オバマで引っ繰《く》り返って、ねえ。「ジャパナイゼーション」に変わってるじゃない？　今な。

里村　はい。

橋本龍太郎　だから、ほんとに。あれに、まんまとやられて。打ち返す言葉を持ってなかったのが大きかったなあ。チッ！ 悔《くや》しい。

里村　当時、大川総裁がまさに、「グローバリゼーションはアメリカナイゼーションだ。世界のルールに合わせるように見せておいて、日本もそれに従わせながら、実は、日本を衰退《すいたい》させる策略だ」というようにおっしゃったんです。

橋本龍太郎　そうなんだ。だから、ＢＩＳ規準は、最高裁の判決のような、ものすごく公正中立なもんかと、私らは思ってたけどさ。大川総裁のほうは、「あんなものは、非常に悪意をもって使えるものだ」「ＢＩＳ規準なんていうのは、適当に使える」っていうのを、よう知ってたみたいだからさ。

里村　ええ。

橋本龍太郎　われわれは、そのへんがちょっと分からなかったんでさあ。チッ！　くっそお！　畜生《ちくしょう》っ！

里村　なるほど。

順を追うと、九〇年代初頭に土地本位制が崩《くず》れ、さらにそのあと、信用創造の要《かなめ》である日本の銀行が、あれで総崩れになりました。

橋本龍太郎　「銀行があそこまで潰れる」っていうのはさ、俺《おれ》、読んでなかったんだよ。だけど、大川総裁のほうは読んでたんだよ。「そこまで行く」と読んでたから。

やっぱり、グローバリゼーションの正体を見抜けなかったのがさあ……。チッ！ あれにやられた。うーん、悔しいな。

日本経済にとどめを刺《さ》した「二つの出来事」とは

宇田　お言葉を返すようですが……。

橋本龍太郎　（宇田に）いや、君なんかも失業したんだろう？

宇田　あ、はい（会場笑）（注。宇田は、以前、大手保険会社で金融《きんゆう》サービスを担当していた）。

斎藤　「はい」って、そんな（笑）。

橋本龍太郎　そういう〝亡霊《ぼうれい》〟にはね、発言権はないの。

宇田　（苦笑）

里村　失業してません（苦笑）。

宇田　今、里村が申しましたけれども、確か、一九九〇年前後、橋本元総理が大蔵《おおくら》大臣のときに、土地の「総量規制」を、ご自身がされたと思います。あれで一気に崩れていったと記憶《きおく》していますが、あれは、ご本心からされたんですか。それとも……。

橋本龍太郎　いや、分かんなかったんだよ、あのとき。ハッハハハ（笑）。

宇田　あっ（笑）。

橋本龍太郎　いやあ、それは、つくったのは役人だからさ。

宇田　確かに、日銀が金利を上げていったのも問題ですが、やはり……。

橋本龍太郎　三重野《みえの》（康《やすし》・元日銀総裁）もさ、バブル潰しをやったし……。

宇田　三重野総裁が〝主犯〟だと思いますけれども。

橋本龍太郎　あと、●土田《つちだ》（正顕《まさあき》）銀行局長の通達な。「土地融資への金融を止《と》めよ」っていう。この二つで、もう完全にとどめを刺されたわなあ。

元日銀総裁・三重野康氏の霊言が収録された『平成の鬼平へのファイナル・ジャッジメント』（幸福実現党刊）

●**土田正顕銀行局長の通達**　1990年3月、大蔵省銀行局長であった土田正顕氏が金融機関に対して出した通達のこと。金融機関の不動産関連融資を抑えるものであり、1991年12月に解除された。

宇田　ええ、ええ。

橋本龍太郎　銀行は、土地を買うためだったら、幾《いく》らでも金を出したわなあ？

宇田　はい。

橋本龍太郎　だって、土地の担保《たんぽ》価値は上がる一方だからさ。全然心配はなかったから、幾らでも出したのに。それを、銀行局長の〝通達一本〟で止めてな。法律じゃないよ。国会で議論したわけでもない。

宇田　ええ。

橋本龍太郎　通達一本で全部止めてしまった。日本経済への〝輸血〟を止めてしまってな。

それと、日銀の何とか言う、なあ？　「（平成の）鬼平《おにへい》」（三重野康・元日銀総裁のこと）とかいうやつか。あいつが、（公定歩合《ぶあい》を）もう上げて上げて、ねえ？　締《し》め上げて。あれが日本経済をぶっ潰しにかかった張本人だよな。

宇田　はい。

「この二十年についての見直しは、まだできていない」

橋本龍太郎　あれ（三重野氏）は名前を遺《のこ》したかったんだろうよ、たぶんなあ。それをマスコミが手放しで持ち上げるからさ。

だから、墓場《はかば》に入っても、いまだに墓を暴《あば》かれてないんだろう？

里村　ええ、ええ。

橋本龍太郎　本来なら、墓場から引きずり出して、五寸釘《ごすんくぎ》を打ち込《こ》まないかんところはここだと思うけど、やってないだろう？

里村　ええ。

橋本龍太郎　マスコミらも、みんな共謀《きょうぼう》だから。それを全部、まあ、自分らもそれで失敗したことを認めたくないからさあ、黙《だま》ってんだよ。

里村　この間違いは、二十六年たってもまだ全然……。

橋本龍太郎　直ってない。

宇田　変わっていないですね。

橋本龍太郎　直ってない。「バブル潰しが正しい」と思ってる。あなたがた、戦後七十年の見直しをやってんだろうけど、それだけじゃない。最近のこの二十年についても、そういう見直しはまだできてないんだよ。だからね、「自分らの購読者《こうどくしゃ》が減るようなことはしない」っていうことなんだな、彼ら（マスコミ）はな。

里村　「間違っていました」と……。

橋本龍太郎　絶対、言わないんだよ。口が裂《さ》けても言わないんだよ。

## バブル潰《つぶ》しの背景にあった「左翼《さよく》復活の空気」

宇田　橋本元総理は、当時、大蔵大臣、それから総理大臣を歴任されましたけれども、私どもには、「ご本心では、景気を拡大させたいと思っておられたのに、どうもその反対をさせられている」というように見えました。

橋本龍太郎　そうとも言えんけどなあ。いやあ、それは、両方あるからねえ。

宇田　土地の総量規制についても、どうも、土田銀行局長がやりたくてやっていたような感じです。

橋本龍太郎　いや、でも、〝突《つ》き上げ〟が、そうとうあったことは事実だからね。

宇田　ああ。

橋本龍太郎　だけど、その突き上げ自体は、やっぱり新聞の投書みたいなもんだよな。今だったらインターネットかもしらんが、昔だったら新聞の投書みたいなやつで、「これは、おかしい。おかしい」って言うてな。

例えば、「土地で儲《もう》かったやつがいる」とか、「株で儲かったやつがいる」とかさあ。「それが倍々《ばいばい》ゲームになって、要《い》らない、住みもしないマンションを買って、一年持ってて売ったら倍になっとった」とかさ。

そんなのがいっぱい載《の》って、「これはおかしい」みたいな投書を、マスコミも喜んでたくさん載せてた時代だからな。

それを民意だと思うたらさ、「何かやらないかん」と思うじゃないか。

宇田　うーん。

橋本龍太郎　一片《ぺん》の通達で、それが止められるっていう日本の構造、要するに、それは、水道局がね、水道のパイプの根本《ねもと》を止めたようなもんだからさ。そしたら、どこにも（水が）行かなくなるわな。

斎藤　うーん。

橋本龍太郎　あれが、どういうことを意味しているか。でも、俺だけじゃねえんだよ。あれは、うーん、他人《ひと》を引き出しちゃ悪いが、宮《みや》澤《ざわ》（喜《き》一《いち》）さんあたりもさ、「資産倍増」とか言うてな。池田《いけだ》（勇人《はやと》）さんの所得倍増のまねをして、「資産倍増」って言ってたが、あのへんの問題はあったよな?

宇田　そうですね。宮澤さんは、「とにかく土地の値段を下げて、みんな家を買えるようにしよう」と（笑）。

橋本龍太郎　うん。「東京都内で、庭付きの家が買えるようにする」っていう。それって、ものすごい土地の暴落《ぼうらく》だよな？

宇田　（笑）そうですね。

橋本龍太郎　それは、暴落したら買えるかもしらんけどさ、（土地を）持ってた人たちはどうなるのかっていうと、要するに、「東京から追い出す」ということだよな。乱暴ですけど、「東京から、四百万人程度は追い出す」ぐらいのつもりでいて、「そしたら、残った八百万人ぐらいは、庭付きの家に住めますよ」みたいな、なんか、そんな感じだったから。

里村　ええ。

橋本龍太郎　役人もグルにはなっていたけども、何か、それがいいことのように言われてたしさ、ちょうど、左翼《さよく》の〝あれ〟がまた強くなってたからさ。

里村　そうですね。

橋本龍太郎　村山《むらやま》（富市《とみいち》）だとか、「さきがけ」だとかさ、細川《ほそかわ》（護熙《もりひろ》）だとかも出てきたし。それから、何だ？　河野洋平《こうのようへい》とかさ、あのへんのも、いっぱい出てきた時代もあったんでねえ。

ちょっと「左」のほうに政治が振《ふ》れとったからさ。

宇田　はい。

橋本龍太郎　自民党がいったん下野《げや》させられた時期もあったでな。

里村　はい。

橋本龍太郎　だから、多少、「左」に対応した政策を取らないと、政権が取れない時期でもあったからねえ。空気がね、ちょっとそういう感じで。バブル潰《つぶ》しの空気は、やっぱり、「左翼復活の空気」だわな。

宇田　なるほど。

橋本龍太郎　安保闘争《あんぽとうそう》のときのような気分がまた復活してきてたわなあ。

## 橋本元総理はマスコミをどう思っているのか

宇田　橋本元総理は、マスコミに対してはどのように思われていますか。

橋本龍太郎　責任を取らんもんね、基本的に。謝《あやま》る人、いないじゃん。

宇田　ええ。

橋本龍太郎　朝日が今、そうだろう？　朝日問題でな？　「戦後、朝日がどう間違って日本を導いたか」っていうのを、ほかのところがいくら言っても、適当にごまかして過ごしてるでしょう？　いやあ、頑固《がんこ》だよね、あれは。

宇田　ええ。では、逆に、マスコミをうまく利用している安倍《あべ》総理は許せない？

橋本龍太郎　うーん。だから、裁判で負けて、（週刊誌等に）謝罪文を書かされてもさあ、その何倍もの「言い訳」を書いて引っ繰り返すだろう？　君らも、やられてるんだろう？　なあ？

里村　そうです。

橋本龍太郎　裁判に勝ってさ、「それのとおりに書け」って言って、字数や字の大きさ、ページ数まで指定されてる謝罪文を書かせても、それの何倍もあるような反論を一緒《いっしょ》に載せてくるみたいなので消せるもんね、それでね。

里村　ええ。

橋本龍太郎　あっという間にね。

それで気が済まなかったら、次号にもまた反論を載せたら、だんだん消せるもんな。

自分らのことについては、それはできるけどさ、人を〝撃《う》つ〟ときは、「一方的に撃って撃って撃ちまくって、それで逃《に》げる」だろう？　それで、みんなが忘れるのを待ってる感じだろう？

宇田　はい。

橋本龍太郎　これはなあ、腹立つよな。俺なんかは、ご機嫌《きげん》を取る気がまったくなかったので。

安倍はうまいこと、ご機嫌取りに入るからさ。

あれは何だね? あるじゃないか、昔の〝妖怪《ようかい》〟か何か、〝化《ば》け物〟か知らんけど、姿が見えないで、後ろから乗っかってくるような。あんな感じだよなあ、あれはなあ。

里村・宇田　ああ。

## 安倍《あべ》総理は、官僚《かんりょう》の人事権をうまく使っている

里村　そうすると、マスコミと大蔵省（現・財務省）がタッグを組んで動き出したときというのは、橋本元総理のような力のある政治家でも抗《こう》し切れなかったと。

橋本龍太郎　いや、だいぶやったよ。省庁の改編もやったし、大蔵省を「財務省」に変えさせたりして。あと、銀行のところも、金融監督庁《かんとくちょう》に分けて、銀行とまで組むとすごい力が大きくなるから、割ったりもしたしさあ。

里村　はい。

橋本龍太郎　まあ、省庁を再編して、一府《ぷ》十二省だったっけ？

里村　そうです。

橋本龍太郎　そういうふうにして改編したりして、君らが言うような、「小さい政府」にしようと努力はしたんだけどね。だけど、なっかなか（笑）。それはねえ、なかなか、〝あの手この手〟だよ（笑）。それはそんな簡単ではないわな。

里村　今、省庁改革、行政改革のところのお話が出ましたので、付け足して訊《き》かせ

●**省庁を再編して**……　縦割り行政の弊害をなくすことなどを目的とし、1998年の橋本政権下で成立した「中央省庁等改革基本法」に基づいて、2001年、第2次森内閣時に行われた中央省庁再編のこと。これにより、一府二十二省庁が一府十二省庁に統合・再編された。また、大蔵省が廃止され、その後、後継省庁として財務省が設置された。

ていただきます。橋本元総理は、まさに、われわれも望んでいた「小さな政府」のほうに向かわれていたということでした。ところが、本来ならスリムになるはずが、〝焼《や》け太《ぶと》り〟というか……。

橋本龍太郎　そうなんだよ。焼け太るんだよ。必ず〝焼け太る法則〟があるんだよな。これはすごいよね、ほんとにな。

里村　元総理もご存じかもしれませんが、あの流れでできた内閣府は、最大の権力になって。

橋本龍太郎　そうそう。いや、あんなもの、ほんとは要らないもんだよな。財務省で予算を組んだら、それで終わりなんだから。
内閣府で予算をもう一回やるなんて。二重予算権限になるっていうのは、「屋上《おくじょう》屋《おく》」だよなあ。おかしいよ、ほんとな。

里村　はい。

宇田　私たちも見ていて、今、財務省が昔以上に財産権を持っていて、内閣官房《かんぼう》が人事権を行使《こうし》しているように見えるので、実際には、「内閣には力がある」ように見えなくもないんですけれども、そのあたりはどうですか。

橋本龍太郎　いやあ……、どうなんですか。でも、意外に、「独裁」って言われてるだけあって、人事を使って、うまくやってるところはあるんじゃないですか。

里村　安倍《あべ》総理が、ですね？

橋本龍太郎　ああ。だから、財務次官、昔の大蔵次官なんかの人事には、前は首相でも手を出せなかったんだよ。政治家が手を出したら、官僚《かんりょう》の造反《ぞうはん》がすごかったからさあ。

宇田　うーん。

橋本龍太郎　だから、できない。

今は、財務次官の人事を首相が握《にぎ》ってるよ。首相が気に入らなかったら、「うん」と言わなかったら、なれないよ。根回しをして、最初から首相のご機嫌を取ってるやつでないかぎり、能力があってもなれないよ。これは、歴代の〝あれ〟から見たら、なかったことであるからね。

## 6　橋本氏〝復活〟の意外な理由

### 「昭和天皇からの伝言」が返り咲《ざ》くきっかけになった

里村　橋本総理は当時、六大改革（「行政改革」「財政構造改革」「経済構造改革」「金融《きんゆう》システム改革」「社会保障構造改革」「教育改革」）に挑《いど》まれたとき、スリムで小さな政府、あるいは、今からすると考えられないですけれども、大統領とまでは行かなくても、首相権限を強化し、特に、早い政治の実現をするということで、私たちも、総理のされている方向の改革というものを応援《おうえん》いたしましたし、期待もしました。

斎藤　ペルーの人質《ひとじち》事件でも、橋本総理が、超《ちょう》法規的な措置《そち》として自衛隊を派遣《はけん》し、人質を救出すべきであったということも、「ザ・リバティ」を通じて直言いたしました。

橋本龍太郎　君らは、僕《ぼく》を〝追い落とし〟といて、あとからまた〝持ち上げた〟みたいな……。「橋本もう一回待望論」みたいなのをあげてたから、その気になって総裁選に立候補して落ちて、〝非業《ひごう》の最期《さいご》〟を遂《と》げてみたいな。君らは、ほんとにね、ちょっと怪《あや》しい団体だからさ。

里村　いえいえ、違《ちが》います。

橋本龍太郎　ええ？

里村　あれは、私どもというか、天上界《てんじょうかい》の高天原《たかまがはら》のほうから、「橋本さんに、もう一度やってほしい」と……。

宇田　昭和帝《てい》が、「カムバックしてほしい」とおっしゃって……。

橋本龍太郎　いやあ、その一言《ひとこと》で、もう一回、私が総裁候補に戻《もど》ってきたんで。だから、それを知らない、「ザ・リバティ」を読んでる人と読んでない人で世論《せろん》が分かれてな。

里村　なるほど（笑）。

橋本龍太郎　読んでる人は理解して、読んでない人は、「なんでまた帰ってきた？」みたいな感じだからさ。「スーパーマンが帰ってきて悪いのか？」っていう感じだわな。

●もう一回、総裁候補に……　2001年4月、森喜朗《もりよしろう》自民党総裁が辞任表明したことを受けて、同年4月24日に自由民主党総裁選が行われた。橋本龍太郎氏は再起を期して出馬したが、小泉純一郎氏に敗れた。

斎藤　橋本総理は、あのとき、「ザ・リバティ」をお読みになっていたんですか。

橋本龍太郎　「ザ・リバティ」を読まないで、日本の政治が分かるわけないでしょう？

一同　ありがとうございます。

橋本龍太郎　そらあ、心ある人はみんな読んでるでしょう。

斎藤　（笑）そのときに、昭和天皇から霊界《れいかい》の伝言がありまして、「ザ・リバティ」に掲載《けいさい》されました。

そのメッセージのなかには、「橋本龍太郎前総理にもう一度返り咲《ざ》いて、国政の改革を成し遂げてほしいが、叶《かな》わぬことであるならば、その意志を継《つ》ぐ人に国政の任に就《つ》いてもらいたいと思う」とあります（注。一九九九年十二月、霊界の昭和天皇から、国政などに関するメッセージが送られてきた。〔月刊「ザ・リバティ」二〇〇〇年三月号参照〕）。

橋本龍太郎　その言葉は重いからね。それで、ヨーロッパの首席随員《ずいいん》になって……。

里村　はい、今上陛下《きんじょうへいか》の。

橋本龍太郎　それが出たのが、もう一回「返

1999年12月に霊界の昭和天皇から降りてきたメッセージは「ザ・リバティ」2000年3月号に掲載。さまざまに語られたお言葉のなかには、橋本龍太郎氏の再登場をご期待されるくだりもあった。

り咲く」きっかけになったんだけど。

「良心の咎《とが》め」がある政治家、ない政治家

橋本龍太郎　君らの罠《わな》だったとしたら、これは大変な〝あれ〟だったけどねえ。「ヨイショ落とし」をもう一回やるんだったら……。

里村　いえいえ。「ヨイショ落とし」ではなくて、あのときは、小渕《おぶち》総理の代に、今の一千兆円の赤字につながる大借金がありました。小渕さんは自《みずか》らを、「世界一の借金王」とおっしゃっていましたが、あの流れに、日本の高天原《たかまがはら》も心配が強かったのです。

橋本龍太郎　小渕さんも分かんなかったからなあ。経済は分かんねえ（笑）。ラーメン屋ぐらいの採算は分かるんだけど、国の経済は全然分からなかったみたいだからさあ。（小渕元総理は）人がいいからね。お金を撒《ま》きゃあ、みんな機嫌《きげん》がいいから、撒いてたんだろうけどさあ。
うーん、何が正しいか分かんないけど、どうも、九〇年のバブル崩壊《ほうかい》以降、二〇〇〇年ぐらいまでの流れのなかで、出てきた何人かだな。宮澤《みやざわ》（喜一《きいち》）さんや私や小渕さんも出てきたけど、その間に〝自民党ならざる者〟もちょっと入ってね。まあ、村山《むらやま》（富市《とみいち》）が出てきたりして（笑）。「国を潰《つぶ》して、同時に社会党も潰した」っていう恐《おそ》ろしい総理も出てきたりしてね。（村山氏は）まだ健在なんだろう？

里村　はい。

橋本龍太郎　不思議に長生きできる人がいるんだなあ。だから、〝良心の咎《とが》めがない人〟って長生きできるんだよ。

里村　（笑）

橋本龍太郎　咎めがある人はな、六十代で死んじゃうんだよ。苦しいからさあ。

里村　ええ、ええ。

橋本龍太郎　だから、何にも感じてないんだろう？　自分がミスしたことを何にも分からない人は、九十過ぎても、まだピンピンしてんだよ。矍鑠《かくしゃく》としてるからなあ。

里村　一九九八年の参院選のとき、橋本総理は、「責任はすべて私にある」と言って総理を辞《や》められましたが、そのあとも、ずっと責任を痛感されておられたということですか。

橋本龍太郎　いや、企業《きぎょう》がいっぱい潰れたからね。「（消費税を）三パーから五パーに上げるタイミングが多少早かったのかな」って私は感じましたけど。安倍《あべ》さんなんかは別に何も感じてないいんじゃないの？〝いじってる〟だけで。「世論操作」と「選挙対策」でいじって、その手腕《しゅわん》だけを買われてんだろう？だから、あいつは玉突《たまつ》きでもやるとうまいかもしれないな。パンパンパンパンパンッと玉を突くと。ラスベガスへ行ったら、けっこう稼《かせ》ぐんじゃないか。

里村　（笑）ああ、なるほど。

# 7　橋本元総理は米中の〝罠《わな》〟にはまった？

## 「日本の財政赤字は中国に補填《ほてん》してもらうべき」

里村　ラスベガスといえば、先ほど、「アメリカに騙《だま》された」という話がありました。騙したのは、アメリカの誰《だれ》ですか？　例えば、クリントン大統領ですか。

橋本龍太郎　いちばん悪いのはクリントンだろうよ、もちろんな。ただ、財務大臣系には人材がけっこういたからね、剛腕《ごうわん》がな。そうとういたんで、あれにはちょっと日本のほうが勝てなかったかもしらんな。やつらの「知能の高さ」は、そうとうなもんだからさ。

里村　ロバート・ルービン氏やローレンス・サマーズ氏が出てきて……。

橋本龍太郎　ああ、民間でね、金融《きんゆう》系の大企業《だいきぎょう》を現実にやれていた人たちがやってるからさ。やつらの手腕は、やっぱり舌を巻くようなもんがあったから、こちらの官僚《かんりょう》ではちょっと分からんかった。あっちは官僚じゃないから、もとな。もとはちゃんと実業家だからさ。お金の本質を知ってるから、マネーのな。

こちらの役人のほうは「マネーの本質」を知らないからさ。こちらは「法律的なルール」だけで考えてるけど、あちらは「実体経済」までどうなるか知ってるからさ。やられたなあ。

だけど、そのツケを、今、アメリカは払《はら》わされてるからな。中国にやられてさ、これだけ追い込《こ》まれて、ツケを払わされてるからさあ。因果応報《いんがおうほう》だよな。

里村　当時のクリントン政権のときに、日本の富がそっくり中国のほうに移動したという……。

橋本龍太郎　そういうことでしょうよ。そらあ、日本の財政赤字の部分を中国に補《ほ》塡《てん》してもらわないかんのじゃないか？　たぶんな。

里村　それを足すと、ちょうどよくなるんです。

橋本龍太郎　あちらの貯《た》まった外貨の分を没収《ぼっしゅう》かけて、こっちに移動してもらえばいい。ちょうどいいわ。

## 「ハニートラップ」に掛《か》かったという噂《うわさ》の真相とは？

里村　橋本総理の名言に、「大量のアメリカ国債《こくさい》を売ってしまいたい誘惑《ゆうわく》に駆《か》られる」というものがあって、いまだにわれわれの記憶《きおく》に生々《なまなま》しく残っています。

橋本龍太郎　いやあ、やってもよかったね、あんなの。口で脅《おど》さずにやっちゃうべきだったね、黙《だま》ってね。

里村　（笑）やはり、本心がそのへんにあったわけですね。

橋本龍太郎　いやあ……、本当に〝癖《くせ》の悪い〟国だよな。ほんっとになあ。

斎藤　当時、中国とアメリカというのは、蜜月《みつげつ》関係のようになっていたんですか。

橋本龍太郎　（斎藤に）君、ピンクのワイシャツが、なんかすごく不似合《ふにあ》いだなあ（会場笑）。

斎藤　いや……（苦笑）。

橋本龍太郎　結婚式《けっこんしき》か？　今日は。

斎藤　（苦笑）いや、そのお言葉への〝返歌《へんか》〟ではありませんが、言わせてもらいますけど、「橋本総理は中国のハニートラップに掛《か》かった」という噂《うわさ》がございますけれども……。

橋本龍太郎　そんな噂なんかないよ。

斎藤　いや、中国でやられたのかと思いまして。

橋本龍太郎　そんな噂はない！

斎藤　え？　いや、噂はあったでしょう？

橋本龍太郎　噂はない！

里村　事実はある？

斎藤　「事実がある」でしょう？　すみませんが。

橋本龍太郎　いやあ、「結果」しかない。

里村　（笑）

斎藤　（笑）「ピンクだ」と言うので、逆に〝引き出されて〟しまったじゃないですか。

橋本龍太郎　噂はない！　噂なんかまったくない！　結果しかない。

斎藤　やはり、アメリカの謀略《ぼうりゃく》でやられましたか。

橋本龍太郎　中国人との合いの子、子供を産んだという〝実績〟はない。

里村　ああ、その実績はですね？

橋本龍太郎　うん、ない。

## 「中国」という〝猛獣《もうじゅう》〟による危機

里村　ただ、アメリカ側からの〝仕掛け〟というのは、当時はいろいろとあったわけですね。

橋本龍太郎　アメリカねえ……。いやあ、やっぱり（日本を）「属国」だと思っとるからさ、向こうは高飛車《たかびしゃ》に来てんだよな。

で、中国とコンペティション（競争）を起こしてさ、「どっちがかわいいか見てやろうか」みたいな気持ちでやってたんだろうと思うけど。相手（中国）があんな〝獰猛《どうもう》な動物〟だとは、ちょっと知らんかった。〝猛獣《もうじゅう》〟とはな。

日本は律儀《りちぎ》に七十年間ね、お仕え申し上げた。蟻《あり》の軍隊みたいにせっせと働いたけどさ。

中国があういうな……。だから、ちいちゃいときはかわいくても、大きくなったらどうしようもないような猛獣がいっぱいいるじゃない？　ペットの熊《くま》やライオンとか（笑）、トラなんかちいちゃいときはネコと変わらないんだけどさ、大きくなったら、家のなかに置いといたら大変なことになるなあ。（中国は）その類《たぐい》だっていうことだね。

あっち（クリントン大統領）も任期中は関係ないと思ってたのかもしらんが、その分の（ツケ）が来てるんじゃないの？

だから、日米関係？　今、オバマさんが（日本に）来て何かゴソゴソやってるけど、マスコミがまた例によって持ち上げて、いいように言うんだろうけど、実際は、かなりの危機が、今、来てるだろうね。

里村　かなりの危機ですか？

橋本龍太郎　うーん、危機だろうね。

だから、オバマは実際上、権力を失ってるからさ。(次は)トランプだろ？「トランプの考え」のほうに合わさないと、もう間に合わねえわなあ。

「翁長沖縄《おながおきなわ》県知事を許すわけにはいかない」

里村　日米関係で言いますと、普天間《ふてんま》基地の返還《へんかん》というのは……。

橋本龍太郎　そうだよ。俺《おれ》が決めたんじゃないか。

里村　橋本総理がクリントン大統領に迫《せま》って……。

橋本龍太郎　そんなら、ちゃんとやれよ。もう決めたんだからさあ。だから、「国家 対 国家」で決めたことをさ、知事がグジャグジャグジャグジャと何年も引っ繰《く》り返してねえ。あれはもう国家の威信《いしん》を損《そこ》なうし、信用はなくなるし、中国に懐柔《かいじゅう》されてるようにしか見えないしさ。あれだったら、日本も必殺仕事人みたいな、畳針《たたみばり》みたいなものでプスッと刺《さ》すような〝秘密ＣＩＡ〟を養成する必要はあるな。伊賀《いが》と甲賀《こうが》を、もう一回、復活させといたほうがいいね。いざというときはパッと怒《おこ》らないと、あれは駄目《だめ》だわ。もう、本当に国辱《こくじょく》ですわ。

里村　今、橋本総理が総理なら、翁長《おなが》氏のような知事をどうされますか。

橋本龍太郎　許すわけにいかんわな。首相官邸《かんてい》に、あのすごい顔で文句《もんく》を言いに来るんだろう？　「オバマと会わせろ」とか。

里村　ええ。

橋本龍太郎　だったら、日本刀をズバッと抜《ぬ》いて、（打《う》ち粉《こ》で刀身《とうしん》を叩《たた》くしぐさをしながら）トントントントントンってやって、「うーん。切れ味をときどきは試《ため》さにゃいかんわな。俺の刀は血を吸いたがっとるようだ」ぐらいはやりたいねえ、ほんっとなあ。

斎藤　確かに、橋本総理は、通産相の時代には、交渉《こうしょう》の直前、竹刀《しない》を、自分の喉《のど》に突《つ》きつけたりしていたと思います。アメリカとの交渉では、パフォーマンスがすごかったですよね。

宇田　写真も遺《のこ》っています。

1995年、日米貿易摩擦が激化するなか、自動車部品の輸入を強硬に迫る米通商代表部のミッキー・カンター氏との交渉に臨んだ橋本龍太郎通産相。当時の交渉の激しさを象徴するような、両氏による竹刀のパフォーマンスが話題となった。

橋本龍太郎　いやあ、俺は腹が立つからさ。何て言うか、あれ（翁長知事）もある意味で、すっごくマスコミと〝合体《がったい》〟してやっとる男だよな。心のなかは真っ黒だ、どう見ても。顔も黒いけど。

里村　顔も焼けていますね（笑）。

橋本龍太郎　心も真っ黒だよ。

もちろん、政治家がマスコミを利用したいのは分かるし、マスコミは政治を批判する権利はあるのかもしらんけれども。何て言うかなあ、政治家は政治家として、自分の意見を貫《つらぬ》かなきゃいかんのであって、批判は甘《あま》んじて受けなきゃいかんものなんだよ。マスコミの批判を受けずに、最初から取り込んでしまって、「マスコミの代弁者」になってやったら、それは駄目だわ。

だから、「権力者が反権力者を装う」っていうのは〝僭主政《せんしゅせい》〟で、これはよくない。実に悪い。実際に自分が権力者であることを隠《かく》してるんだよな。ちゃんとマスコミの代理人みたいに、代言人《だいげんにん》みたいにやってるわけね。こういうやつは、いっちばん始末《しまつ》に負えないからさあ。

だから、危険だ。これは〝陶片《とうへん》追放〟しなきゃいけないよ。

里村　なるほど。

# 8　橋本龍太郎流「政治家の腹のくくり方」

## 「政治家は自分自身に意見があるなら腹をくくれ」

里村　今の政治、安倍《あべ》さんも含《ふく》めてですが、そもそも、「批判をされないように、されないように」というふうにしています。

橋本龍太郎　そうだよ。結論を先取りして、マスコミのお先棒《さきぼう》を担《かつ》いで、「（マスコミが）記事を書いたり、ニュースを流したりするときに、ちょうどええように〝着地〟を考えながらやってる」からさ。マスコミ関係者の協力者もいるんだろうけどさ。

だけど、こういう政治はな、やっぱり不誠実だよ。

里村　冒頭《ぼうとう》での安倍さんに対する「お怒《いか》り」や「お叱《しか》り」がよく分かりました。

橋本龍太郎　やっぱり、いちおう自分自身に意見がはっきりあるならね、「マスコミとの対立」は避《さ》けて通れないもんだと思って、腹をくらなきゃ駄目《だめ》だよ！　この攻撃《こうげき》をしのぎ切れなかったら、そりゃ辞《や》めなきゃいけないわ。それはしかたない。しかたないけれども、潔《いさぎよ》く対決して、支持率が落ちて退陣《たいじん》になるなら、それも政治家人生だと思わなきゃいけない。

絶対に退陣しないように操作し続ける人間っていうのは、やっぱり〝妖怪《ようかい》〟だよ、一種の。

## バブル潰《つぶ》し以降における国の舵取《かじと》りの間違《まちが》い

里村　政府は、「財政赤字が一千兆円と積み上がってきていて、消費税を増税しなければ財政再建できないのだ」という建前《たてまえ》で来ていましたが、今、棚上《たなあ》げしようとしています。先に延ばそうとしていますが、橋本総理からご覧になって、これをどう思われますか。

橋本龍太郎　棚上げして、それで「財政出動する」とか言ってるんだろ、また。

里村　そうなんです。

橋本龍太郎　これだと、「財政出動」は昔の伝統的な自民党のやり方だからさ。いつも景気が悪くなると、「財政出動」をずーっとやってきたけどね。好景気が続いているうちは「財政出動」しても、しばらくしたら大きくなって戻《もど》ってくるから、税収増で行けたわけだな。

だから、土光臨調《どこうりんちょう》のときに百兆円ぐらいの財政赤字だったのが（今は）一千兆円ってのは、何か間違《まちが》ってるわなあ、どう見ても。バブル潰《つぶ》し以降の経済の反省と、対外国との関係で、舵取《かじと》りに何か間違いがなかったかどうか。やっぱり、これはやらないかんところですわね。

特に、「中国（のGDP）が何百倍にもなった」とかいう話も一説にはあるわけだからさ。これは、「どないなっとるんだ」っていうことだよなあ。

むしろ、中国の元《げん》を、不適正な交換《こうかん》比率のままに維持《いじ》したところに〝弾《たま》〟を撃《う》ち込《こ》むぐらいの力がなければいけなかっただろうな。「中国は儲《もう》けすぎだ。これはおかしい」と言って、〝弾〟を撃ち込まないと。

やっぱり、中国の人民元でアメリカ国債《こくさい》をいっぱい持たれてるなんて、安全保障上も非常に危機なことですからね。こういうことはよくないって、もうちょっと警《けい》鐘《しょう》を鳴らさなきゃいけないよな。

だから、米ソの「冷戦時代」の思考が残ってる人たちがさ、中国が「次の仮想敵国」だと分かるまでに、なかなか時間はかかったんじゃないか？　何年……。うーん、二十年以上かかったんじゃないかね、おそらく。

里村　橋本元総理は、地上におられたときから、そういう認識はお持ちでいらっしゃったのですか。

橋本龍太郎　まあ、大してないよ。

里村　いや、非常に的確です。

宇田　最新の情報を持たれているので。

橋本龍太郎　ええ？　（霊言《れいげん》収録まで）一週間も待たされたから、それはちょっとは勉強するだろうよ。

里村　（苦笑）

宇田　ああ、申し訳ございません……。

斎藤　大川隆法総裁からは、収録の〝行列待《ぎょうれつま》ち〟で、十人もいたと聞いていましたが、そのうちのお一人だったんですね。

橋本龍太郎　ああ、なかなか出してもらえんからさ。本当に脅《おど》さないと出してもらえないから。

## 「政治家」と「政治屋」はどこが違《ちが》うのか

里村　やはり、二十数年に及《およ》ぶ日本政治の誤りの原因をはっきりさせて、キチッと正していかなければいけないということですね。

橋本龍太郎　うーん。

里村　最近、大川隆法総裁からお言葉を頂いていますが、はっきり言って、自民党政権のなかで公的買収、合法的買収が行われています（『世界を導く日本の正義』『正義と繁栄《はんえい》』〔共に幸福の科学出版刊〕等参照）。

つまり、予算や行使権等を使ったり、許認可権限を使ったりして、「バラマキ」が行われているわけです。あるいは、潜在《せんざい》的な失業者である公務員をたくさん抱《かか》え、しかも民間よりも給料を多くしていますが、これも失業対策としての部分の赤字です。

『世界を導く日本の正義』
（幸福の科学出版刊）

『正義と繁栄』
（幸福の科学出版刊）

こういう指摘《してき》が最近なされているのですけれども、どう思われますか。

橋本龍太郎　いやあ、それは選挙には向かない言い方だろうね。敵をいっぱいつくるからさ、そういう言い方をしたら、選挙には向かないだろうけど。

ただ、それを言えるほうが「政治家」だわな、本当はな。それを言える人が政治家だよ。

そういうことをしたら票が減るから、マスコミ対策上、そんなことは言わないで、違《ちが》うことを言って、〝目先のことで釣《つ》る〟んだけど、そういうのは政治家じゃなく「政治屋」だな、これはな。

斎藤　「政治家」と「政治屋」は違うんですね。

橋本龍太郎　それは違いますよ。当ったり前でしょう！

「政治家」っていうのは、やっぱり信念を貫《つらぬ》かなきゃいけないので。政治家は、マスコミや国民が今どう言ってても、「五年後、十年後を考えて、それは正しくない」という信念を持ってたら、自分の信念に殉《じゅん》じなきゃいけない。

だけど、「政治屋」っていうのはそんなのじゃないので。馬券を買って馬を走らせて、「勝った、負けた」ばっかりやってる連中は政治屋だよ。

里村　「どの馬が人気があるか」ばかりを見て、勝ち馬に乗ろうとするんですね。

橋本龍太郎　そう、そう、そう。それで、その日の賞金で飯《めし》を食ってる人たちだよなあ。当たったら、「今日はすき焼きにしようか」とか言ってるようなのは政治屋だな。

## 9 日本はどこで道を誤ったのか？

### 「資本主義の精神」を殺した思想とは

里村　橋本総理は六大改革を出しましたけれども、結局、あの時代に総理として、どのような日本や世界を目指していらっしゃったのでしょうか。

橋本龍太郎　うーん、今のこんな結果になるんだったら、中曽根《なかそね》さん時代の●土光臨《どこうりん》調《ちょう》なんていうのは、まったく意味をなさなかったな。

だから、九〇年以前の中曽根時代まで戻《もど》っていいかどうかは、ちょっと分からないけど、五年ぐらいやりましたよね。財政赤字が増えたから、土光臨調で構造改革して、それで〝ケチケチ運動〟をやってさ、「出費を抑《おさ》えて健全財政にしよう」と

●**土光臨調**　土光敏夫《としお》が会長を務めた第二次臨時行政調査会の通称。1981 年（昭和 56 年）に設置され、1983 年（昭和 58 年）まで、「増税なき財政再建」の方針の下《もと》、行政組織の見直しによる歳出削減、三公社の民営化などを推進した。

かしてたけど。

ただ、その流れが結局バブル潰《つぶ》しまでつながっていったんだったらさ、何か間違《まちが》いがあったかもしれないので。

つまり、「清貧の思想」みたいなのが、もし土光臨調で入っていたとするならば、その「清貧の思想」が、次にバブル潰しのほうに転化していったと考えるんだったら、大川先生が最近おっしゃってるような、「資本主義の精神を傷つけた」っていうところにつながる可能性はあるわなあ。

「清貧の思想」自体は、個人としてね、そういうふうに生きるのは、それなりに尊い生き方であるからさ、別に構わないんだよ。良寛和尚《りょうかんおしょう》みたいに生きとりゃ、それはそれで構わないんだけれども。国全体っていうことであれば、ちょっとそれは考えなきゃいけない部分はあるからね。

だから、もしかしたら、あのあたりから始まってるかもしれないね。

里村　メザシの土光さん……。

橋本龍太郎　土光……。いや、もっと前で言えば、「クリーン三木《みき》」（三木武夫《たけお》元首相、一九七四～七六年在任）から始まってるかもしれないからさ。「自民党の派閥《はばつ》抗争《こうそう》をなくす」という名目でね。お金が飛び交《か》って派閥ができたりするから、そのお金を取り上げて、金の要《い》らない政治にしようっていう「クリーン三木」のあたりから、もうすでに始まってるかもしれないので。

里村　はい。

橋本龍太郎　「政界浄化《じょうか》」といって、マスコミがずーっと言い続けてたことだよ。それぱっかりな、一面記事で。朝日新聞なんか、「政界浄化」ばっかりだ。その政界浄化が「清貧の思想」になり、そして、「バブル潰し」につながってきたんだとしたら、やっぱり、これは「資本主義の精神」を完全に〝殺して〟しまっている可能性はあるね。

## 「マクロ的な視点」が足りなかった政治家たち

里村　つまり、一般《いっぱん》にわれわれが戦後史を見たときに、結局、「高度成長期は、オイルショック等で終わった」というふうに思えるのですが、実はもう一つ、「思想的な誤りがあって、高度成長を終わらせた」ということがあるわけですね。

橋本龍太郎　その前に角栄《かくえい》さんのときとか、いろいろあるけど。要するに、福田《ふくだ》（赳夫《たけお》）さんのときも言ってた、「悪性インフレの退治《たいじ》」っていうの？

里村　ええ。

橋本龍太郎　日銀もそれをずっと言っていたし、首相とかも、そういう経済通《つう》の人は、「悪性インフレの退治」を言っていた。

実際に起きましたからね、ときどきインフレがね。そればっかり考えてたのが、「デフレ時代」になって、今、長く苦しんでるんでしょ。

だから、処方箋《しょほうせん》が違ったわけでしょう？　消化剤《ざい》を飲むのと、下剤《げざい》をかけるのとでは、ちょっと違うような感じかな。そういう感じで、「下痢《げり》の薬」と「便秘《べんぴ》の薬」は違うわね。正反対にはなるわな。

やっぱり、お腹《なか》を下《くだ》してる人に下剤をかけたら、それは終わりだし、便秘の人に、さらに下痢止めみたいなのを飲ませても、また大変なことになる。

だけど、大きな規模で、そういうようなことが起きたわけで、「頭がいい」と言われていた人たちが、実は耄碌《もうろく》していて分からんかったというか、自分の経験にしか学ばなかった人たちだった。これは愚者《ぐしゃ》だわな。

里村　はい。

橋本龍太郎　経験のみにしか学ばなかった人たちで、ちょっと残念だな。だから、「マクロ的な視点」が、少し足りんかったなあ。

## 日本が自立するべき「ターニングポイント」はどこだったのか

里村　それは、一つには、「そうした対処を間違ったところに、考え方・思想の誤りがあった」ということ、もう一つには、「思った以上に日本の規模が大きくなっていて、規模に合わせた人材がいなかった」ということでしょうか。

橋本龍太郎　だからさ、敗戦……、戦争でさ、一流の人材がみんな死んじゃったんだよ。一流ほど先に死んでるから。

里村　はい。

橋本龍太郎　だって、最前線に行って、みんな死んでるので。死んだ方々のなかに、そらあ、優秀《ゆうしゅう》な方はいっぱいいるよ。体も強く、頭もいい人たちばっかりだよ、行っていたのは。生き残ったやつは、みんな二流、三流ばっかりでさ（笑）。

だから、二流、三流の人材でさあ、戦後、とりあえずは、経済の舵取《かじと》りをやり、政治も、「アメリカさんの言うとおりにやっとりゃ、もう問題ない」ということで、「アメリカさんのおっしゃるとおり」って、ずっとやってたんだけど。

そらあ、トランプが言うように、「戦後三十年もたったら、もうええだろうが」っていうところだなあ。「日本独自の人材で、ガンガン引っ張っていって、やらなきゃ駄目《だめ》でしょうが」っていうところで、それは、そのまま、〝おんぶに抱《だ》っこ〟でやっててさ。その二流、三流の感覚がな、その後、ずっと続いていたことがな。やっぱり、どこかで、もうちょっと「自立」しなきゃいけなかったんだな。

里村　はい。

橋本龍太郎　自立して、独自外交もしなきゃいけないし、憲法の改正の問題もあるわな。やっぱり、三島由紀夫《みしまゆきお》が切腹《せっぷく》したあたりは、実にターニングポイントだったなあ。

里村　はあ……。

橋本龍太郎　やっぱり、あのころだよ。

宇田　昭和四十五年ですね。

里村　一九七〇年です。

橋本龍太郎　一九七〇年だろう？　だから、そのくらいに憲法改正をやってたら、もう、まともな国家になってますよ。

まあ、あれで、戦後二十……。

里村　はい、二十五年です。

橋本龍太郎　二十五年か。二十五年もたったら、クォーター（四半世紀）じゃない。なあ？　もう本当に。

里村　はい。

橋本龍太郎　二十五年たったら、やっぱり、自主憲法を立てて、自分らの国の独自の文化を取り入れて、理想的な考え方をつくって、やるだけの人材がいなかったら駄目だろうな。二十五年たってね、そらあ、いつまでも引きずってて、「アメリカさんに言われたからだ」という言い訳だけでずっとやって、アメリカさんの言うとおりには、やったけど。

アメリカさんは、次は、中国を肥大化させてさ、経済的なライバル・日本は、貿易摩擦《まさつ》で蹴落《けお》とす。日本と、八〇年代から（経済戦争を）すごくやってきたからね。七〇年代、八〇年代、日本が安いのをいっぱいダンピング（不当な安売り）みたいに売り込《こ》んでくるんで、これを仮想敵にしてさ、「日本を潰せ」って大合唱で。

九〇年代は、実は、「経済的に、日本をどう潰すか」っていう、仮想敵の日本を叩《たた》きのめすことに、クリントン政権とかもほぼ注力したんだよ。レーガン大統領が、米ソの冷戦に勝ったんでね。それで、これを潮《しお》（機会）として、次なる仮想敵としての「日本」、まあ、軍事的な仮想敵は「ソ連」だったけども、これは崩壊《ほうかい》したから。

だから、「バブル崩壊」は、「ソ連の崩壊」とまったく軌《き》を一《いつ》にしてるでしょう?

斎藤　そうですね。

里村　ええ。

橋本龍太郎　次は、「経済的仮想敵である日本を負かしてしまう」っていうの。これが次になって、「金融敗戦」が九〇年代に来たわけだな。

われわれは、同盟国だからということで、GHQ（連合国軍最高司令官総司令部）と同じように善意でやってくれるもんだと、アメリカさんのおっしゃるとおり、ずっと信じとったけど。まさか、そんなに、「憎《にく》んだ敵、仮想敵だ」と思っていたとは知らんかったというところかなあ。

里村　はあ……。では、橋本政権の意義というのは、まさに、「そうした戦後の日本を六大改革によって転換《てんかん》させる」というところにあったわけですね。

橋本龍太郎　うーん。いや、できなかったから、言ってもしょうがないけど。やったところで、大して、あとがよくなってないからさ。

「私の政権が続いていたら、日露《にちろ》平和条約を結んでいた」

里村　もう一点、日露《にちろ》関係に関しても、お伺《うかが》いしたいのですけれども、橋本総理は、あの段階でエリツィン●と……。

橋本龍太郎　エリツィンと会って、川でね、魚釣《つ》りをしてさ。

里村　ええ、ロシアでしたかね。

●エリツィン（1931 ～ 2007）　ロシアの政治家。1961 年にソビエト連邦共産党に入党する。モスクワ市共産党第１書記、ロシア共和国最高会議議長などを歴任し、1991 年、ロシア連邦初代大統領に就任、1999 年 12 月まで務めた。また、1993 年には来日し、細川護熙《ほそかわもりひろ》首相と、1998 年には橋本龍太郎首相と会談している。

橋本龍太郎　「めったに魚が釣れないから、もう潜水服《せんすいふく》を着て、潜《もぐ》って下に魚を付けた」とかいう……。

里村　（笑）

橋本龍太郎　なあ？　「そういう仕掛《しか》けまでしてくれた」という……。私は知らぬふりをして釣っておりましたが、「魚を付けに来てくれた」というう（笑）。それくらいの〝演出〟までやったが、今の安倍《あべ》さんみたいに威張《いば》ってませんよなあ。

里村　ああ、すごいですね。

1997年11月のクラスノヤルスク会談では、エリツィン大統領と橋本総理はエニセイ川で釣りを楽しんだあと、船中で会談を行った。翌98年4月、日本の静岡の川奈《かわな》で行われた首脳会談の際にも、橋本氏がエリツィン氏を海釣りに誘うなど、良好な関係を築いた。

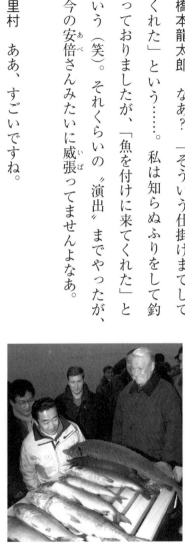

橋本龍太郎　安倍さんなんか、（伊勢志摩《いせしま》サミットで）みんなを連れて、ダーッと引き連れて、伊勢神宮《じんぐう》を参拝《さんぱい》させて、お辞儀《じぎ》させて、「ざまあみろ。日本の神様にお辞儀させた」みたいな気持ちで、〝征服感《せいふく》〟を持っとるんだろう。

だけど、私は、本当に、餌《えさ》の付いとらん針を入れて、下でそれに魚を付けてもらうぐらいの涙《なみだ》ぐましい努力をして、「友好」を演出しとったんだなあ。

里村　そうです。

橋本龍太郎　あれ、あと、引き継《つ》いでもらってないんだよな。

里村　ですから、あの段階で、橋本総理が、「二〇〇〇年までに日露平和条約を結ぶんだ」と。

橋本龍太郎　そうだよ、そうなんだよ。

里村　これは、いまだに成《な》っていません。

橋本龍太郎　短期だから、どうせ続かなかっただろうけどさ。私の政権が続いていたら、たぶん、二〇〇〇年までに「日露平和条約」を結んでたと思うよ。

里村　ええ。

橋本龍太郎　普天間《ふてんま》（「普天間基地移設問題」）も絶対、片付けたよ。

里村　ああ、そうですか。

橋本龍太郎　あれは許せん。あれは、引き延ばして引き延ばして……。あんなのは、やっぱり許せないな。

里村　ええ。

橋本龍太郎　やっぱりね、国の重要なことについて長引かせると、「それを利用しよう、悪用しよう」と考えるやつがいっぱい出てくるんでな。ここに、付け込む隙《すき》を与《あた》えるので、やっぱり、隙はつくったらいかんのだよ。

里村　うん、うん、うん。

橋本龍太郎　あれだけ引っ張ったらね、中国だって〝嚙《か》んで〟くるし、沖縄《おきなわ》には、特別な利権を持って考えるやつが出てくるしさ。いろいろなことを考えるやつが出るし、野党のほうも「悪さ」を考えるのが出てくるからさ。（舌打ち）よくないね、あれは。

## なぜ、日本経済は〝乱気流〟になっていったのか

里村　そうすると、やはり、九〇年代の終わりが大きな転換期だったわけですね。

橋本龍太郎　うーん。前代未聞《ぜんだいみもん》のバブル潰しを経験して……。あれは普通、みんな二、三年で終わると思ったんだよね。「二、三年で景気は回復する」と思ったから、一九九三、四年ぐらいから、もう上に上がってくると見たし、一九九二年ぐらいは、「バブル潰しで経済も底だろう」と言われてて、それからまた同じように上がっていくもんだと思ってたのに……。

だから、「普通の経済循環《じゅんかん》」と思ってたので、せいぜい悪くて、三、四年で、あ

とは「経済循環」と思ってたからね。それが、ここまで引っ張るとは、ちょっとね。ここを、日本の経済学者で分かってる人は、誰《だれ》一人いなかったんじゃないか？

宇田　では、今、もし橋本元総理が現職の総理だったら、具体的に、この日本の景気をどのように回復されますか。

橋本龍太郎　いやあ、「一千兆を超《こ》える借金」っていうのは、これは本当に、メルケル（ドイツの首相）とかが言うだけあって、「これで、まだ小出《こだ》しに財政出動するんですか」って、そらあ、言いたくなる額ではあるわな。

だって、目先の景気をよくしたぐらいで、どうにもならないですよ。だから、「選挙対策だけで、そんなこと、いまだにやるんですか」っていうようなことを言ってるけど……。

でも、これは急激に増えたからね。

宇田　はい。

橋本龍太郎　「経済」というのはさ、これだけ（借金が）膨《ふく》らむ分には、どこかに、その金は流れていったわけだよ。どこかに流れていって、「溜《た》まっているか、浪費《ろうひ》されたか。どこかに消えている」んだよな。

だから、やっぱり、そのへんを、もうちょっと突《つ》き止めないといけないわな。

当時、円高がねえ……。戦後、ずっと（一ドル）三百六十円で続いてたやつが、三百八円になって、固定相場になって、それから変動相場になったよな。

これは、大川隆法先生のほうが、私なんかよりたぶん詳《くわ》しいと思うけど。実際に（在家時代《ざいけじだい》に）為替《かわせ》をやっておられたから、たぶん詳しいだろうとは思うけども。

それで、輸出で儲《もう》けすぎてた部分を調整されてきたんだろうとは思うけども。中国が同じようなことを、ずっと味わって、儲けておったわけよな。

●**プラザ合意**　1985年9月22日、ニューヨークのプラザホテルで開催された先進五カ国蔵相・中央銀行総裁会議（G 5）における、為替《かわせ》レート安定化に関する合意のこと。合意前は1ドル230円台のレートが、合意後の1987年末には1ドル120円台のレートとなった。

このへんの変動相場になって、竹下《たけした》（登《のぼる》）さんのころからね。「プラザ合意」以降、まあ、「ブラック・マンデー」もあのころあったよね。あのころあたりから、ちょっと〝乱気流〟になってきて、分からなくなってき始めたんでね。

何だか、為替の変動等、各国の首脳が会議して、決めたりし始めたんだけど、まさか、「それぞれに〝悪意〟をいろいろ持ちながらやってる」っていうのは、これは……。

宇田　そうですね。結果、為替をアメリカのいいように持っていかれていましたね。

橋本龍太郎　そうなんだよな。アメリカはきついことを言って、〝強すぎる薬〟を打つんだけど、「結果は、そのほうが病気が早く治る」とか、みな信じてはいたんだけどね。アメリカっていうのは、もうジャイアンみたいに暴力を振《ふ》るって、原爆《げんばく》を落としてでも戦争をやめさせるようなところであるけれども、結局、〝強力な薬〟

●ブラック・マンデー　米ニューヨーク市場で起こった株価大暴落のこと。1987年10月19日の月曜日に起こったことから、そう呼ばれる。その後、東アジアからヨーロッパへと世界規模で波及した。

を打ちすぎるので、「早く終わって、ショック療法《りょうほう》で回復する」ぐらいに、善意に考えてる人は多かったんでね。

だから、「政治・経済的に、その先を見通す目がそれだけあったかどうか」っていうのは……。

全体に、でも、日本のせいかもしらん。やはり、三島事件のころに、憲法改正をやると同時に、自立経済をつくっていく方向に持っていかなきゃいけなかったのかもしらんなあ。

「一ドル百円を切る」と、大川隆法のように予測していたら？

里村　では、今の宇田総合本部長の、「今、もし総理でいらっしゃったら」という質問に対する答えとして、「景気問題を含《ふく》めて、やはり、憲法改正等からスタートしなければいけないところがある」ということでしょうか。

橋本龍太郎　経済もね、（一ドル）三百六十円で長く固定されて、輸出で長く儲《もう》けすぎた……。要するに、すごく安く売れるからね。安売りできるので、日本国内よりも、アメリカで買ったほうが安かったんだからさ。

里村　はい。

橋本龍太郎　だから、「ダンピングだ」ってアメリカ側が言ったのは、「（日本）国内で買わずに、飛行機賃を使って、アメリカで買ったほうが安い」って言うんだから。今の中国人が、ちょっと、そんなことをやっとるんかもしらんけど。日本に来て、買って帰ってるけど、あんな状態だったからね。

例えば、トヨタ車でも、「日本で買うよりアメリカで買ったほうが安い」っていう状態だったんで（笑）。

そのころに、だから、一九八二、三年ごろか……、大川隆法総裁は、アメリカにおられて、もう、「一ドル百円を切る」という予測を立ててたっていうんだから……。

宇田　はい。

橋本龍太郎　これは〝恐《おそ》ろしい〟わなあ。当時、三百円前後でまだフラフラしてたころに、「百円を切る」と言ってたらしいので。

それで、将来の予想を立ててたら、日本全体の経済構造のあり方、シミュレーションは、たぶん、そうとう変わったものになっただろう。

それは手を打たないと、「経済の空洞化《くうどう》」って言うけどね、要するに、日本でつくったら高くなるから、安いところに行ってつくる。

宇田　はい、海外に工場移転しました。

橋本龍太郎　だから、中国とか、ほかのところ、東南アジアとかでつくって、やってるわな。そういうふうになって、産業が空洞化してしまって、みんな日本の賃金が上がってしまって、防衛上も、実際は「危機」だよな。衣料品や食料品などの生活必需品《ひつじゅひん》や、お茶までなあ……、ウーロン茶も中国（製）だろうけど。

ユニクロみたいなのが、あれだけボロ儲けできたのは、その「時差」を読んだからだろうけどさ。大川隆法総裁にかかりゃ、あんなユニクロの社長なんか〝縛《しば》り首〟なんじゃないか、たぶん。読めてただろうから。

「貿易摩擦《まさつ》で通産省が戦った分、今度は大蔵省《おおくらしょう》が負かされた」

里村　ですから、ある意味で、「言いなりになる」、あるいは「為替戦争でも負けてしまう」というところに、結局、「憲法も含めて、自立できていない日本がある」というように考えられないでしょうか。

橋本龍太郎　だから、今の農業の問題もね、オーストラリア、アメリカなどの外国には、もっと安い牛肉があるし、もっと安いオレンジがあるのに、なんで補助金まで出して、そんな（国内の）高いものを、みんな買って食ってるのかと。

栄養事情の面からだって、「毎日、肉ぐらい食べられるよ」と言ってるのに、ねえ？　週に一回しか食べないで、「どうして、そんな高いものを買って、やるの」ということを素朴《そぼく》に言ってるのに、けっこう聞かなかったわね。聞かずに頑張《がんば》って、「現状の利益を守ることが大事だ」っていう考えだったわな。だから、やっぱり、その先の見通しが、どうなってるか見えてたらね。

そういう意味で、「貿易摩擦《まさつ》のところを、通産省（現・経済産業省）が頑張って戦った分、逆に、九〇年代に、今度は、大蔵省《おおくらしょう》（現・財務省）が負かされた」という感じに、結局、なったんじゃないかな。

里村　うーん。

橋本龍太郎　「その分、十年間以上、稼《かせ》いだ分を吐《は》き出せ」ということで、〝やられた〟感じかな。

宇田　ともかく、お話をお伺いしていると、やはり、「日本に、中長期的な精神的柱がない」ということが、橋本総理のお考えかと思うのですけれども……。

橋本龍太郎　そうだねえ。だから、やっぱり、「一流の人材」を育てなきゃいけなかったんだろうね。

## 安保闘争《あんぽとうそう》のエネルギーはどこに向けるべきだったのか

斎藤　大川隆法総裁先生は、橋本元総理の時代（一九九七年）に、月刊「幸福の科学」という当会の機関誌に、「在ペルー日本大使公邸占拠《こうていせんきょ》事件」の教訓も得て、「今こそ、憲法第九条を改正しなければいけない時なのだ」ということで、「憲法第九条改正案について」という御《ご》論考を、特別提言として著《あらわ》され、広められました。

当会としては、そういう後押《あとお》しをしたというか、〝風を吹《ふ》かせた〟ので、チャンスはあったのかなと思うのですけれども、それは、議論の対象などにはならなかったのでしょうか。

橋本龍太郎　うーん……。戦後教育のなかで育った政治家たちは、やっぱり、〝刷《す》り込《こ》み〟が多かったですからねえ。

力も、「当選回数」が効く世界だからね。例えば、「だいたい、十回ぐらい当選しないと総理になれない」という世界で、「当選五回で、

1996年12月に発生した在ペルー日本大使公邸占拠事件。橋本龍太郎総理は自ら現地に出向き、人質救出作戦で破壊された公邸を視察した。

だいたい大臣」というぐらいのあれ・・だったんで。

その経験自体が、今度は、何て言うのかなあ。経営学的に、「それを捨てていく。捨てなきゃいけない」というイノベーション（革新）か？

里村　はい。

橋本龍太郎　それはね、実際にその渦中《かちゅう》にある人にとっては分からんことでね。「成功体験自体のなかに、次の失敗の材料があった」というよ

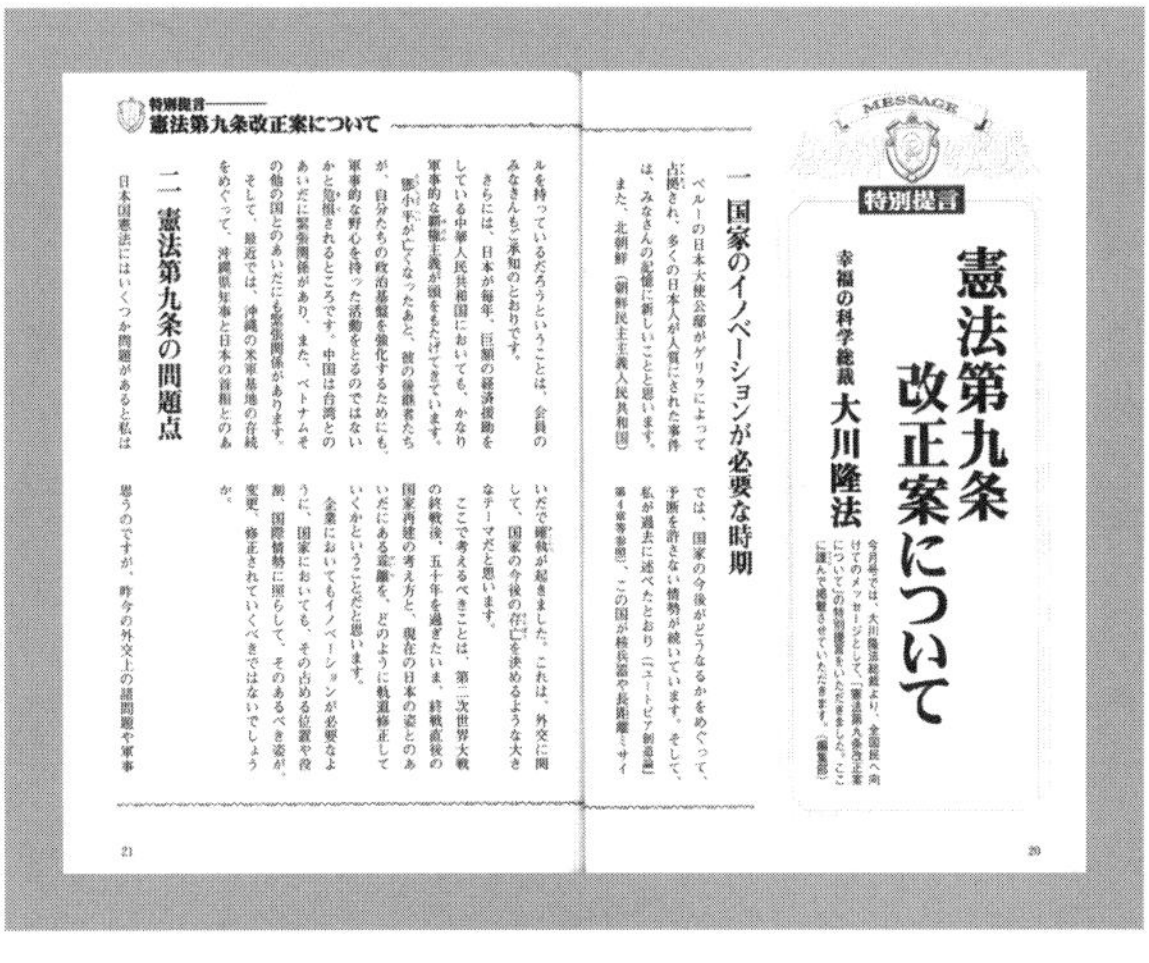

MESSAGE

特別提言

憲法第九条改正案について

幸福の科学総裁　大川隆法

今月号では、大川隆法総裁より、全国民へ向けてのメッセージとして、「憲法第九条改正案について」の特別提言をいただきました。ここに謹んで掲載させていただきます。（編集部）

一　国家のイノベーションが必要な時期

ペルーの日本大使公邸がゲリラによって占拠され、多くの日本人が人質にされた事件は、みなさんの記憶に新しいことと思います。

また、北朝鮮（朝鮮民主主義人民共和国）では、国家の今後がどうなるかをめぐって、予断を許さない情勢が続いています。そして、私が過去に述べたとおり（『ユートピア創造論』第4章等参照）、この国が核兵器や長距離ミサイルを持っているだろうということは、会員のみなさんもご承知のとおりです。

さらには、日本が毎年、巨額の経済援助をしている中華人民共和国においても、かなり軍事的な覇権主義が頭をもたげてきています。鄧小平が亡くなったあと、彼の後継者たちが、自分たちの政治基盤を強化するためにも、軍事的な野心を持った活動をとるのではないかと危惧されるところです。中国は台湾とのあいだに緊張関係があり、また、ベトナムその他の国とのあいだにも緊張関係があります。

そして、最近では、沖縄の米軍基地の存続をめぐって、沖縄県知事と日本の首相とのあいだで確執が起きました。これは、外交に関して、国家の今後の存亡を決めるような大きなテーマだと思います。

ここで考えるべきことは、第二次世界大戦の終戦後、五十年を過ぎたいま、終戦直後の国家再建の考え方と、現在の日本の姿とのあいだにある乖離を、どのように軌道修正していくかということだと思います。

企業においてもイノベーションが必要なように、国家においても、その占める位置や役割、国際情勢に照らして、そのあるべき姿が、変更、修正されていくべきではないでしょうか。

二　憲法第九条の問題点

日本国憲法にはいくつか問題があると私は思うのですが、昨今の外交上の諸問題や軍事

20

特別提言――
憲法第九条改正案について

21

月刊「幸福の科学」1997年6月号に掲載された大川隆法特別提言「憲法第九条改正案について」。戦後、長らく憲法議論がタブー視されてきた日本社会において、憲法が抱える数々の矛盾に正面から斬り込んだ問題提起として反響を呼んだ。
〈主な内容〉
現行憲法に明記されないまま、世界有数の戦力を有する自衛隊を保持している現状には、明らかに嘘がある。自衛隊の存在とその任務を明確に規定すべき。
①自衛隊の保持⇒憲法上、戦力として位置づけること。
②自衛隊の海外派遣⇒在外邦人の救出や、国際的な任務の遂行。
③自衛隊の国内任務⇒自衛隊は防衛任務を持つ防衛軍である。

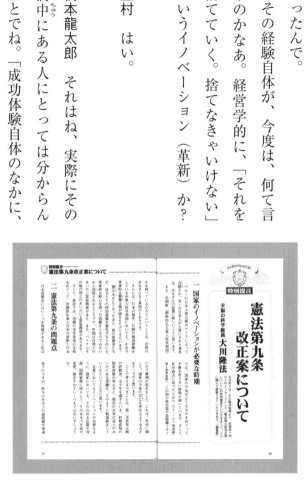

うなことは、分からないことだったんだよな。経験したことを大事にして、そのまま下に教えようとするからさ。

それは、イノベーター（革新者）でないと。徹底的《てってい》に、そのへんの先が読める予言者的資質を持った人や、かなりへそが曲がって、逆の見方ができるような人でないかぎり、〝読めなかった〟っていうのはあるわな。

それに、日本の教育も、そういう人を育てられなかった。護送船団方式でガーッとやって、現状維持《いじ》をよしとする教育をずっとやっとったんでね。

だから、教育も含めてだけど、確かに、三島（事件）の戦後二十五年から、三十年ぐらいのところで、安保闘争《あんぽとうそう》がいっぱいあったし、あれは、「アメリカから離《はな》れよう」という運動ではあったけど。

ただ、「中国に寄っていきゃあいい」ってわけじゃなかったんだ（苦笑）。あれも「間違ってる」とは思うんだけど。「アメリカと決別して、中国や北朝鮮《きたちょうせん》に寄っていったんじゃ、それは間違ってた」と思うから、安保闘争自体は敗北してよかったと思うが、安保闘争によって消費した国民的エネルギーはものすごく大きかった。だから、あのエネルギーそのものを、この国をもう一段、自立・独立させるためのエネルギーに持っていけたら、生産的なものに持っていったら、だいぶ違っただろうなあ。

里村　はあ……。お話をお聞きすればするほど、歴史のなかで「失ったもの」の大きさを、今、痛感しています。

橋本龍太郎　ああ、大きいわ。

## 10　橋本元総理、幸福実現党を叱咤《しった》する

### 「幸福実現党の問題点」を指摘《してき》する

里村　橋本元総理には、ややご批判もあるかもしれませんが、私どもは、今、遅《おく》ればせながら、「教育において人材をつくり、政治において精神的主柱を立てて、憲法改正から始まる、日本の自立を実現しよう」ということで、「幸福実現党」という政党を立党しています。

たいへん失礼ながら、「今の自民党には、もう任せておけない。自分たちがつくった借金を、『国民のみなさんの借金です』というように言う人たちには、もう任せられない」という覚悟《かくご》で、私どもは今、政治活動、政党事業に取り組んでいるところでございます。

橋本龍太郎　たいへん失礼ながら、その幸福実現党は、まったく票が取れないんでなあ。残念ながら。

里村　いえ。まったくではございません。

橋本龍太郎　全国を挙《あ》げて、だいたい、代議士一人分ぐらいしか取れないんだろう？

里村　いえいえ。今、地方議員が次々と誕生しておりますが……。

橋本龍太郎　いやあ、これは、もう幸福の科学のネームバリューを著《いちじる》しく傷つけたわなあ。かわいそうだと思ってるよ。

里村　いや……。

宇田　橋本元総理は、幸福実現党には、どのようなところが足りないと見られていますか。

橋本龍太郎　いや、だいたい、「大川総裁一人でやってた」ということだろう?　はっきり言えば。だから、今、党首が何人も替《か》わったみたいだけどさあ……。

宇田　変わりました。

橋本龍太郎　党首の力が、(大川総裁の)だいたい百分の一しかねえんだよ。だから、政党の幹部になると、さらに落ちる。政党の立候補者になってきたら、これまた、もっと、さらに落ちるからさ。千分の一ぐらいになってるんだよ。

だけど、宗教のスタイルを持ってるもんだからさあ、その千分の一しか持っていない候補者が、自分への〝信仰心《しんこうしん》〟みたいなものを信者に求めてるんだよな。だから、みんな、「本気でやる気なし」なんだ。「全然やる気なし」なんで。「余計なことを始めて、また出費がかさんで、全然よくない」っていうふうな感じになってるんだよ。

里村　（苦笑）余計なことではございません。やはり、日本の未来のためには、私どもは、必要な……。

橋本龍太郎　だけど、勝てないよ。今のままじゃ勝てないな。

里村　どこを……。

橋本龍太郎　うーん、とにかく勝てないわ。

斎藤　（苦笑）では、どうすれば……。

里村　「今、幸福実現党の候補者は、大川総裁の力の千分の一だ」ということですね？

橋本龍太郎　うん。

里村　ということは、一人ひとりが、その力を伸《の》ばす以外にない？

橋本龍太郎　いや、力はそんなに伸ばせないんだよ。

里村　なぜでしょうか？

橋本龍太郎　だから、しかたないんだよ。そら、君たちが出たって、町議選ぐらいにしか当選しないんだから、しょうがないでしょう。しょうがないじゃない。なあ？

## 幸福実現党の候補者は「プロ」として認められていない!?

宇田　いや、でも、お話を聞いていると、橋本元総理の政治理念と、幸福実現党の政策は、そんなにずれていないような気がしたので、ぜひ、そのあたりについて、アドバイスを頂けないでしょうか。

橋本龍太郎　いやね、政治家だって、今の「日本の政治のあり方」は、君らみたいな〝おっさん〟が手を出したってもう遅《おそ》いんだよ。もう手遅れなんでね。二十代ぐらいから修行《しゅぎょう》を積まないと、日本の世界では認められないのさ。政界、およびマスコミ界も認めないんで。

宇田　ええ。

橋本龍太郎　だから、はっきり、君らを「プロ」とは認めてないんだよ。

そして、内部もそうなんだよ。内部もそう認めてないんでさ。自分らは〝祭りの御輿《みこし》〟を担《かつ》いどるだけでね。（御輿の担《かつ》ぎ棒を担ぐしぐさをしながら）こうやって、重荷を十キロぐらい担いでるのかもしらんけど、別に、それ以外のことができるわけじゃないと思ってるんで。「担げ」と言うから担いでるだけでさ。そういう〝でもしか候補者〟がいっぱいいさ。

だから、それは、そんな簡単に勝てないよ。職業としての政治家には、そう簡単には勝てないんだから。

残念だったな。天はなあ、二物《にぶつ》を与《あた》えず。二つの職業を与えないもんだよなあ。一つしかできねえんだよ。与えねえんだ。

## 「新聞にゴチャゴチャ書いてるの、分かる人いないよ」

里村　ただ、お言葉ではございますけれども、幕末維新《いしん》の流れを見ても、素人《しろうと》が「奇兵隊《きへいたい》」という軍隊をつくって、結果的に、維新回天《かいてん》の大きな力の一つになりました。あるいは、中央政府においても、政治を預かっていない人たちが動き出して、結局、時代を変えました。

今、私たちは、やはり、「この時代、既存《きぞん》の政党、政治家ではもう駄目《だめ》である。そうではない人たちが立つ時代が来た」と思っています。

もちろん、素人と言われれば素人ですし、甘《あま》えもあると思いますけれども、何かアドバイスを頂ければと思います。

橋本龍太郎　いやあ、そもそも、君らは維新の志士じゃないしさ。レベルが全然違《ちが》うしさ。

里村　ほう。

橋本龍太郎　ハハハッ（笑）。それもあるし、君らの信者がさあ、政治の話を聞かされて、難しくて、よく分かんねえんだろう？

それは、そうだよ。宗教の基本は、「南無妙法蓮華経《なむみょうほうれんげきょう》」「南無阿弥陀仏《なむあみだぶつ》」ぐらいで、もう、みんな、それでまとめ上げなきゃ、しょうがねえんだからさ。

里村　いや、別の宗教はそういうこともありますけれども……。

橋本龍太郎　ええ？　みんな難しいんだよ、いろいろ。

里村　幸福の科学は違います。

宇田　当会は、かなり高度な思想なのですけれども。

橋本龍太郎　「消費税がどうのこうの」とか、難しいんだよ。

里村　逆に言うと、「難しくて一般《いっぱん》の方が分からないような政治にした」ということに、私は問題があると思うんです。

また、マスコミも、わざと分からないように分からないように書くようです。

橋本龍太郎　いや、マスコミのあの政治欄《らん》や経済欄、国際欄だって、そんなの、見たって分かんないんだよ。分かんないんだけど、みんな、後ろのテレビ欄を見るためだけに、長らく新聞を取ってたんで。

ときどき、大きな見出しを見てくれる人がいるのと、下のほうの書籍《しょせき》の注文をしてくれる人がいるために、何十ページも新聞があるだけで。普通《ふつう》は、みんな、後ろのテレビ欄だけあれば、それで十分なんだよ。あれで、もってたんでな。（新聞も）そろそろ危なくなってきてるけどな。だから、新聞の、あのちっちゃい字で、もうグチャグチャ、ゴチャゴチャ書いてあるけど、あんなの分かる人いないよ。

里村　そうです。もう本当に、せいぜい「見出し」だけで。

橋本龍太郎　分かんない。「見出し」だよ。「見出し」を見ているだけ。でも、「見出し」も二、三紙見たら、もう分からなくなるね。

里村　ですから、私どもの政治運動は、「有権者一人ひとりが、そういうものの理解を少しでも深めて、政策、あるいは思想などから、キチッと人を選ぶ」ということを目指しています。やはり、そうでなかったら、日本は本当の意味で自立できないと考えているのですけれども。

## 「現代の民主主義」と「勤勉の精神を説く宗教」は両立するか

橋本龍太郎　いずれにしても、大川さんに先見性があるとしてもさ、「予言者的なもの」だろうから、こういうのは、みんなが持ってるわけではないんで。民主主義政治体制っていうのは、（宗教と）あんまり合わないんだよ。

やっぱり、民主主義の政治体制ってのは、「神様も仏様もなくて、この地上は悪《あく》魔《ま》に支配されている」ということを前提にスタートしているんだよ。基本は、そうなんだよ。神様、仏様がね、政治なんかしてくれると思ってないんだよ。その「不信感」からできてるのが、民主主義政治なんだよ。

「（この世は）地獄界《じごくかい》にある」って、もう、お釈迦《しゃか》様の考えどおりだよ。「この世は地獄界に支配されてる。悪魔の支配下にある」と、お釈迦様はそう言って、早く逃《に》げて涅槃《ねはん》に入《い》ろうとしたんだろ？　そのとおりなんだよ（笑）。

だから、君たちも早く〝涅槃〟に入ったほうがいいな。

里村　いやいや（苦笑）。

橋本龍太郎　ああっ？

里村　私どもは、「この地上にも、また大切な役割がある」と考えています。今の総理の考え方は、チャーチル様が生前に、「民主主義とは、決して理想的なものではない。せいぜい最悪を防ぐための、最後の最後……」。

橋本龍太郎　そのとおりだよ。もう最悪だよ。最悪なんだよ。だから、君ら、「日本には乞食《こじき》がいない」って喜んでるけどさ、乞食はいっぱいいるんだよ。〝背広を着てる乞食〟がたくさんいるんだよ。みんな、仕事しないでも金を払《はら》ってくれるからさあ、本当にね、生活できるのさ。
まさしく、理想的な生活なんだけども、しかし、それはやっぱり、何かが狂《くる》ってきたのさ。

里村　そこは、われわれも、本当にそうだと思います。

橋本龍太郎　それで、「働かざる者、食うべからず」が基本なんだけど、それを言ったら、宗教じゃ、おしまいなんだよ。それを言ったらおしまいなんだよ（笑）。宗教じゃないんだよ。宗教は、〝南無阿弥陀仏〟で全部、救われなきゃ駄目なんですよ。

里村　いや、私どもは……。

宇田　やっぱり、「勤勉の精神」を中心に置いておりますので（笑）。

橋本龍太郎　いや、駄目だよ。そんな宗教はね、全然、広がらないから駄目だ。

宇田　広がらないですか。

里村　例えば、「社会貢献《こうけん》なくして、社会福祉《ふくし》なし」という考え方もあります。

橋本龍太郎　そんなこと言ったら、もう全滅《ぜんめつ》だよ。政党は全滅だよ、それはね。外野《がいや》で言うのはいい。評論家としては、絶対言うべきだ。

## 橋本元総理は「民主主義」をどう見るのか

里村　もちろん、私どもの努力不足もございますけれども、現代の民主主義が持っている悪いところもあると思います。つまり、「神仏を認める民主主義」ではなくて、「数だけが正しいという民主主義」ですね。こういう悪循環《じゅんかん》に陥《おちい》っていると思います。

橋本龍太郎　神仏が支配してくることはめったにないけども、悪魔が支配してくることはよくあるからさ。二十世紀は特に経験しているからさ、それをね。「悪魔の支配」を経験しているからさ。

里村　ええ。

橋本龍太郎　どっちかと言えば、それが多いということだな。だから、「多数が悪魔を信じたんだったら、地獄に堕《お》ちてもしかたがない」と。まあ、これが民主主義だ。

斎藤　先日、大川隆法総裁は大阪城《おおさかじょう》ホールで、一万人以上の聴衆《ちょうしゅう》を集めて説法《せっぽう》をされました（二〇一六年五月十一日、大阪城ホールにて、「信仰と繁栄《はんえい》」と題して講演会を開催《かいさい》した。前掲『正義と繁栄』所収）。

橋本龍太郎　ああ。

斎藤　そのなかで、「『現在の日本の民主主義というのは、国家社会主義のなかで政党政治に見せかけている疑似《ぎじ》民主主義である』と言わざるをえません」とおっしゃいました。

2016年5月11日、大阪城ホールで行われた「信仰と繁栄」。民主主義を装《よそお》いながら国家社会主義へと向かいつつある日本の現状に警告を発した。

橋本龍太郎　そんな難しいことを言って、分からんだろう。

斎藤　いえ。大川隆法総裁が説かれているのは、「今の民主主義は、国家社会主義的にあるものが、マスコミと連動してやっているのだ。そうではなく、神のいる民主主義のなかで、一人ひとりが自由を得られる社会をつくりたいのだ」というようなことなんです。

橋本龍太郎　ああ、言わんでいい。もう、「みなさん、新聞を読むのをやめましょう」って言ったほうが早い。

宇田　（苦笑）

橋本龍太郎　そのほうが早い。うん。

里村　ありていに言って、無神論者、唯物論者《ゆいぶつろんしゃ》による「多数者の専制」が、今の日本で始まっているということです。

橋本龍太郎　いや、「教育が、そうなってる」でしょう？

里村　ええ、そうです。

橋本龍太郎　だって、教育がそうなってるからさあ。そういう〝翻訳《ほんやく》〟した学問の教育が、だいたいそんな感じの科学教育になって、文部科学省みたいな、こんな「科学」と一緒《いっしょ》になっちゃったら、人文系は全滅でしょう。これ、先行きはね。

里村　なるほど。だからこそ、民主主義の大きな転換《てんかん》のためには、もう一段、宗教的努力が必要だというところではないでしょうか。

橋本龍太郎　うーん、アメリカの民主主義は二百年ぐらいしかないんだからさあ。日本みたいな歴史のある国は、もっといろんな考え方があってもいいんだよ、ほんとはね。

## 信仰心《しんこうしん》ゆえに、幸福の科学への期待を語る

里村　橋本元総理は、地上にいらっしゃったときに、現職の総理として十一年ぶりに靖国《やすくに》神社に参拝《さんぱい》されました。やはり、高天原《たかまがはら》とか、日本の神様に対する信仰心《しんこうしん》というのはおありだったわけですね。

橋本龍太郎　それはあるよ。ただ、君たちみたいにさ、現実に、あの世の神様だとか、高級霊《れい》だとか、地獄霊は知らんけども、そうやって話ができるわけじゃないからさあ。確信はできないけれども。それは、そういう気持ちはあったさ。だけど、「あれを合理的に説明してくれ」って、まあ、何とかしてくれなきゃいかんけど。

里村　はい。

橋本龍太郎　要するに、君らは、最後は、やっぱり教科書まで書き換えなきゃ駄目なんだよ。終わらないんで。今の教科書じゃ駄目なんだよ。どうしたって、同じような人たちが出てくるんで。〝再生産〟されてるんで。

里村　ええ。

橋本龍太郎　（里村に）何とか、君、頑張《がんば》ってさあ、「週刊こどもニュース」のお父さん（池上彰《いけがみあきら》氏）みたいな人なんかに勝たなきゃいけないよな。もうちょっと分かりやすくさ。

里村　はい。

斎藤　やはり、「よき政治、よき政治家をつくる」ためには、教科書を変えるところからやらないといけない？

橋本龍太郎　だから、（教科書を）つくってるあたりから、もう頭が〝狂ってる〟んだからさあ。しょうがないよ、それはね。

里村　ええ、ええ。

また、それをですね、検閲《けんえつ》ではございませんが、文部科学省がしている指導が間違っているわけです。

橋本龍太郎　それで、試験を統一するんだろう？　（二〇二〇年度から導入予定の新共通テスト「大学入学希望者学力評価テスト〔仮称《かしょう》〕」）

里村　そうです。

橋本龍太郎　次は、コンピュータが採点するんだろう？　怖《こわ》い、怖い。なかに何が入っているか分からないからなあ。採点の基準がな、どうなってるか。

だから、そろそろ、英雄《えいゆう》出《い》でて、それを全部書き換えていかないといけないとこだわな。

里村　私どもは、その英雄たろうと、任じております。

橋本龍太郎　残念だけど、年取ったんだよなあ（笑）。

里村　（笑）いや、私は、もう無理ですが、「若い世代」がおりますので。

斎藤　「若い世代」の方のなかに、尊い情熱を持った方がいらっしゃいます。

橋本龍太郎　「麒麟《きりん》も老いては駑馬《どば》に劣《おと》る」と言ってねえ、もうしかたないんだよなあ。

## 11「俺《おれ》は、筋《すじ》が通らないことは嫌《きら》いだ」

### 橋本元総理の過去世《かこぜ》を探《さぐ》る

里村　しかし、民主主義の理想のお話とか、先ほどの陶片《とうへん》追放という言葉を聞きますと、もしかして、かつてギリシャにお生まれになったことがあるんですか。

橋本龍太郎　いや、そんな話はいい。そういうことを言うから、君ら、カルトに分類されて、それで票が減るから。

里村　はあ、そうですか（苦笑）。

橋本龍太郎　もう、しないほうがいい。しないほうがいい。鴻池《こうのいけ》（善右衛門《ぜんえもん》）ぐらいまでだったら、何となく想像がつくけども、それ以上言っちゃ、駄目《だめ》なんだよ。票が減るからもうやめなさい、もう。

斎藤　ご自身の過去世《かこぜ》が鴻池だというのは知っているのですか。

橋本龍太郎　だから、「リバティ」で特集してたんだろう？

宇田　ええ、三代目善右衛門さんですよね。

〈上〉「ザ・リバティ」1995年12月号では橋本氏の過去世を三代目鴻池善右衛門宗利と明かした。〈右〉宗利が開墾した鴻池新田の管理事務所だった鴻池新田会所は国の史跡に指定されている。

斎藤　はい、三代目鴻池善右衛門宗利《むねとし》です。

橋本龍太郎　この程度は知ってるけどさあ。限度はそんなところだな。その程度ぐらいまでなら、ぼーっと想像がつくけど、それ以上言ったら、もう駄目だ。

里村　ただ、「ザ・リバティ」に、「橋本氏の過去世は三代目鴻池善右衛門である」と書かれたのは、まだ総理に就任される前でした。

橋本龍太郎　それは守護霊《しゅごれい》であって、私と違《ちが》うよ。私は、橋本龍太郎だからな。言っとくけどね。

「勝海舟《かつかいしゅう》とかと近いんだよ」

里村　あの、総理、申し訳ありません。こういうことを言うと、また票が落ちるか

●三代目鴻池善右衛門宗利《こうのいけぜんえもん》（1667～1736）　江戸時代前期～中期の豪商。1695年に28歳で家督を継承し、両替業と大名貸し（大名への貸付）で巨万の富を築き、家業を発展させた。また、河内（大阪府）に新田を開発（鴻池新田）。

も分かりませんけども、一方で、私たちには後《のち》の世の人のために遺《のこ》さなければいけない義務もございます。

橋本龍太郎　うーん。

里村　今、総理は、どういう世界にいらっしゃるんですか。

橋本龍太郎　うーん、身元《みもと》調べをするんか。

里村　いや、身元調べではございません。「あのように批判を恐《おそ》れずにやった政治家というのが、死後、どういうところに行かれるのか」というのを……。

橋本龍太郎　こういうところでインタビューする人は、どういうところから来てる

●守護霊　人間の魂は、原則として「本体が１人、分身が５人」の６人グループによって構成されている。これを「魂のきょうだい」といい、６人が交代で地上に生まれ変わり、その際、天上界に残ったうちの一人が守護霊を務めている。

んだろうねえ?

宇田・斎藤　(笑)

里村　いや(笑)、それは、あの、好奇心《こうきしん》の強い世界から来ている……(笑)。

橋本龍太郎　好奇心……。

宇田　では、普段《ふだん》、どういう方とお話をされていますか。

橋本龍太郎　ええ?

宇田　どういう方と、天上界《てんじょうかい》でお話をされていますか。

橋本龍太郎　やっぱり身元調べだな、これは。

里村　いや、いや、いや、違います。どういう方と話されて、こういう見識を持たれるのか、と。

橋本龍太郎　うーん、勝海舟《かつかいしゅう》とかさあ、あのへんの連中あたりが近いんだよな、わりにな。

里村　おおっ。それで、先ほど、「明治維新の志士から比べたら、全然駄目だ」と。

橋本龍太郎　なってないよ。君ら、〝なまくら〟ばっかりだ。全然なってない。

宇田　幕閣《ばっかく》のほうにいて改革派だったと。

橋本龍太郎　いやいや、私が言ってるのは……。あんたら、すぐ「過去世物語」なんだから、ほんとにねえ。

宇田　ああ、いえ（笑）。

橋本龍太郎　その、〝いかれた頭〟をどうにか改造しろよ。

里村　要するに、勝海舟先生とか、そういう方たちと。

橋本龍太郎　うん。

里村　はあ。

橋本龍太郎　たとえて言やあな。今、日本の政治を見ている目はな、そういう人たちと似たようなところで見てるさ。

安倍《あべ》首相は「アベノミクスの失敗」を潔《いさぎよ》く認めるのか？

斎藤　先ほど、お話を聞いていて、びっくりしましたのは、「政治家と政治屋は違うんだ。筋《すじ》を通してバーンと、『誠』で行くんだ」というところです。

橋本龍太郎　うん。

斎藤　消費税を三パーセントから五パーセントに上げられて、「税収が下がってしまって申し訳ない」という発表をされたときにも、「国民に不安を与《あた》えて申し訳ない。先んじて、やろうとしすぎて、タイミングを誤ってしまった。本当に、人の心の痛みを感じております」ということで、痛烈《つうれつ》に何回も何回も、そういうふうに誠実に言っておられました。

橋本龍太郎　うーん。これな、安倍《あべ》がどうするかね、これから見てくれよ。

斎藤　はい。

橋本龍太郎　選挙対策用に、ちょっとは先延ばしするんだろうと思うけどさあ。この前は、それを争点にして選挙してさ（二〇一四年の衆院選）、それでまた先延ばしするんだろうけど。

里村　はい。

橋本龍太郎　これがさあ、「アベノミクスの失敗」とか、「自分の見通しの誤りだ」とかいうふうに言うかどうか。

ああいうふうに、G7《ジーセブン》を丸め込《こ》んで、「みんな、経済危機のリスクを認識した」みたいに丸め込むやつがさあ、そういうことを認めるかどうか、よーく見てたらいいよ。

斎藤　はああ……。

橋本龍太郎　俺《おれ》はさ、剣《けん》をやるから、「勝つときは勝つけど、負けるときは負ける」というのは潔《いさぎよ》く認めるからさ。負けるときは負けるからさ、それはしかたねえや。なあ？　向こうの一本が決まったら、負け。「審判《しんぱん》が間違ってる」と言ったって、それは、負けたのは負けたんで、しょうがない。

里村　その「潔さ」がないですね。

橋本龍太郎　うん、ないのよ。ないよ、あいつ。うーん、ない。だから、「世渡《よわた》りの術《じゅつ》」だけ学んだな、あいつはな。

里村　「世渡りの術」だけの政治家。

橋本龍太郎　うん、三代目としてな。「世渡りの術」だけは学んだな、うまくな。

斎藤　橋本総理からは、何か、「侍《さむらい》の精神」といったものを強く感じますけれども。

橋本龍太郎　そう、そう、そう、そう。基本はそういうことだ。「基本は」というかだな、いや、俺は「筋が通らないことは嫌《きら》い」なんだよ、基本的にな。

里村　なるほど。

今日は、「筋の通った政治家」、あるいは、「政治のあり方」ということをお伺《うかが》いできました。

橋本龍太郎　確かに、幸福実現党はかぎりなく暗いからさあ、未来が。だから、これ、困ったもんだなあ。自民党を批判して、幸福実現党が駄目だったら、もう先がないじゃないか。

民進党、これは結構だ！　もう台湾《たいわん》に行ったほうがいいよ。移動したらいいんで。

里村　（笑）

橋本龍太郎　台湾へ行ってもらえ、台湾。もう〝輸出〟したらええ。日本に要《い》らないでな。「台湾行け。台湾行け」って言ってね。

里村　民進党でございますか。

橋本龍太郎　ああ、民進党。

里村　民進党は、台湾とか、中国でもどこでもですね。

橋本龍太郎　台湾に行ったらいいんだよ。中国でもいいね。中国に行ったらええやん。

里村　はい。

## 幸福実現党への厳しいアドバイス

橋本龍太郎　ただ、「自民党では駄目」というのはいいんだけど、「だから、幸福実現党でいけるか」っていったら、いけるとは言えないんだ。今の状態がこれじゃあ。また、鳩山《はとやま》・菅《かん》みたいなのがなったら、もう大変だからさあ。そうは言っても、プロフェッショナルじゃないとさ、烏合《うごう》の衆《しゅう》になっちゃうからさあ。

大川隆法さんは、「幸福の科学を潰《つぶ》してでも政治をやりたいんか」って言われたら、「うん」とは言わんだろうからさあ、きっとさあ。

里村　いえいえ、もう、宗教法人幸福の科学も潰れませんし……。

橋本龍太郎　いやあ、（教団が）潰れかかってるよ、政治で。政党が引きずり倒《たお》して、今、潰れかかってるからさあ。これでまた、連敗記録を伸《の》ばしていったら、もう教団のほうを放り出してやり出す可能性があるから危ねえよ。実に危ないよ。

里村　もちろん、警告としては、私ども、受け止めますけれども。

橋本龍太郎　だから、人材がいないんだからしょうがないじゃん。町議ぐらいの人がさあ、衆議院議員や参議院議員になろうとしてるんだったら、それは、蛙《かえる》が柳《やなぎ》に飛びついてるようなもので、なかなかそう簡単にいかんだろうよ。

里村　しかしですね、私も、いろいろ政治家の方とも付き合い等がありますけれども、申し訳ないですが、「志《こころざし》」とか、「品格」とか、そういうものにおいて比べたら、幸福実現党の候補者や、あるいは、支持してくださっている方よりも低いと思います。もう、本当に雲泥《うんでい》の差です。

橋本龍太郎　だけどねえ、君らの話を聞いても分かるようにさ、なかにいる人は、なかの言葉は通じるんだけどさ、外に対してはさ、〝ゾンビ軍団〟みたいなのがしゃべってるようにしか見えないんだよ。そういうふうにね、「自主性の頭がある」とは見えないのさ。

里村　そこは、それぞれが、自分の言葉で語れるように努力しています。

橋本龍太郎　限りなく厳しいなあ、アハハハハハハハハハ（笑）。

やっぱり、幸福の科学自体が、もうちょっと力を持ってさあ。だから、現役《げんえき》の政治家等を帰依《きえ》させて、キチッと政策面まで徹底《てってい》させるぐらいの力を持ったほうが早いような気はするんだけどなあ。

あの、文部科学大臣やっとったの、何だっけ？　下村《しもむら》だか何かか？

宇田　下村（博文《はくぶん》）さんですね。

橋本龍太郎　彼は、「（幸福の科学の）三帰《さんき》信者だ」なんて言いながらさあ、宗教は十も二十も兼《か》ねてるからさあ。「金」と「票」だけ集めることばかり考えて、ほんとに役に立たない。みんな、なんか騙《だま》くらかして、票と金を集めてるんだろう？　ああいうやつに悪さされたりして、利用されたから、君らは嫌《いや》になって、自分らでやりたくなってるんだろうけど。あんなやつばっかりじゃねえからさあ。もうちょっと、まともなのもいるからさあ。

だから、若い政治家あたりを応援《おうえん》してやりゃあ、取り込むこともできるので。そのへんの「取り込む力」も多少は要るよ。

宇田　なるほど。分かりました。

橋本龍太郎　やっぱり、人材としては、ある程度選ばれていないと、国政はそう簡単にいかんからさ。一定のレベルはあるからさ。
だから、「本人が『やりたい』って言ってて、会員だから立候補して、みんなが入れなきゃいけない」ってのは、それは、なかなか広がらないだろうよ、「輪」がな。だから、一定のレベルは要るわなあ。
もちろん、クオリティ的にはできる人もいるんだろうけど、数は多くないわな、どう見てもな。

宇田　うーん。

橋本龍太郎　あとは、教団自体がものすごい「数の力」を持っとれば、「数」と「金」を持っとれば、あるいは、やれるのかもしらんけども、それはそれなりに、また、敵が出てくるだろうから。

里村　はい。

橋本龍太郎　マスコミが談合して叩《たた》き潰しにくるだろうから、きっと、そんな簡単なことではないわな。

「首相の言葉だったら、何千万人に読んでもらわないと困る」

橋本龍太郎　だから、自民党も駄目というか、あんまり期待していないというか、安倍政治にちょっと嫌気が差してはおるが、君たちも、未来には無限の暗雲が漂《ただよ》ってるので。

宇田　（苦笑）

橋本龍太郎　早く墓場《はかば》に入ったほうが〝幸福〟かもしらん。

宇田　いや、頑張《がんば》ります。

里村　私たちは、無限の明るさになるように努力してまいります。

橋本龍太郎　みんな、〝ぶったるんどる〟じゃん、だいたいさ。ほーんまに。

里村　今日の橋本総理の言葉も、しっかりと咀嚼《そしゃく》して勉強させていただいて、未来が明るいものになるように……。

橋本龍太郎　だいたい、霊言集《れいげんしゅう》なんかで票を取ろうなんて思うのは、間違ってるんだよ。

里村　いや、とんでもないです。

橋本龍太郎　こんなのは〝納涼企画《のうりょうきかく》〟でしかないんだからさあ。

里村　いえいえ。教科書を書き換《か》えるためにも、これは絶対に必要なことです。

斎藤　橋本先生、それだと、自分の言葉が〝納涼企画〟になっちゃいますから、それはまずいです。

橋本龍太郎　〝納涼企画〟だよ。
だからさあ、首相の言葉だったら、あなたね、それは何千万人かに読んでもらわないと困るわけよ。

斎藤　そうです。あるべき姿としては。

橋本龍太郎　だけど、君らから出したら、こんなのどうせ、『橋本龍太郎の霊言』とかいって、ドロドロドロドロッて柳の下に〝三角巾《きん》〟をつけて橋本龍太郎（の幽霊《ゆうれい》）が出てきている恐ろしい絵でも描いて出しゃあさあ。

里村　（苦笑）そんなことはしません。

橋本龍太郎　たぶんどうせ、売れるのは一万部か一万五千部ぐらいしか売れやしねんだろうからさ。

宇田　いや、頑張って、説得力を持って売ります。

橋本龍太郎　こんなの「世論《せろん》」には、まったく影響《えいきょう》がないんだからさあ。

里村　「今の政治に活《かつ》を入れる」という意味でも、「このままでは駄目なんだ」ということを日本国民に知らせるためにも、しっかりと、今日の橋本元総理のお言葉を伝えてまいります。

## 安倍《あべ》総理の「幻術《げんじゅつ》」を指摘《してき》する

橋本龍太郎　君らねえ、〝騙《だま》されてる〟から気をつけたほうがいいよ。安倍《あべ》君あたりがさ、自分以外の代わりの人材がいないように、幻覚《げんかく》みたいなのを張ってさあ。

宇田　はい、はい、はい。

橋本龍太郎　もう、メディアを通じて幻術で、「自民党にもいないし、野党にもいないし、ほかに何も選択肢《せんたくし》がなくて、安倍を推《お》す以外に何にも選ぶ方法はないんだ」みたいな感じ？　これね、そうとうやられてるよ、君らね。

里村　イリュージョン政治？

橋本龍太郎　うん。（それを）やってるよ、やってる。

斎藤　幻術的に、イリュージョンで。

橋本龍太郎　やってるよ、これはねえ。

斎藤　幻術にかかってるわけですね、国民が。

橋本龍太郎　うん、その洗脳を解《と》かないと。かけられてるよ。だから、実際はね、あの程度の人材がいないわけはないんですよ。たくさんいるんですよ。

里村　はい。

橋本龍太郎　いるんだけども、ちょっとだけねえ、〝くすぐり方〟がうまいんだよ。脇《わき》の下をコチョコチョッとくすぐるのが上手なんでね。

宇田　ええ。

橋本龍太郎　あと、あるいは媚薬《びやく》を効かしたりするのが、ちょっと上手なんでさ。

だから、今のは、うまーくね、力があるように見せてね、いろんな力を使いながらやってるんだな、あれな。ほんとねえ。
あの「幻術」が見破れなかったら、道はないな。次の道がね。

斎藤　はい、分かりました。

里村　見破れるように、啓蒙《けいもう》してまいります。

宇田　私たちが、必ず指摘《してき》してまいります。

橋本龍太郎　うん。

里村　本日は、貴重な教えを賜《たまわ》り、まことにありがとうございました。

何か言い足りないかのような橋本元総理の霊《れい》

橋本龍太郎　だいたい君らにインタビューされるっていうことは、落ち目ということだなあ。

里村　いやいや（笑）。

宇田　（苦笑）そんなことないです。

里村　すみません、こちらが力不足で。

橋本龍太郎　もう、墓地から出てきて、何て言うかなあ、柳の下に出てきてフラッと立ってるところを、通りがかりのインタビュアーがインタビューしてくれたような感じだねえ。

宇田　いや、霊言《れいげん》の対象では、やっぱり「歴代の偉人《いじん》」が出ることのほうが多いので。

橋本龍太郎　偉人ねえ。

斎藤　本当に、橋本元総理の、腰《こし》の入った侍《さむらい》精神を学ばせていただいて……。

橋本龍太郎　いや、君らはもう、〝埋葬《まいそう》業〟にしか見えないからさあ。君らにかかわると、みんな、何か埋葬されていくような感じで。君ら、エクソシストなんじゃないの？

里村　（笑）いえ、いえ、いえ、いえ。まあ、エクソシストでもありますが……。

橋本龍太郎　もう、二度と復活しないように封印《ふういん》するのが仕事なんじゃないの？

里村　そんなことはございません。今日、お話をお伺いして、むしろ、これからも、ぜひ、ご指導をお願いしたいと思いました。

橋本龍太郎　まあ、いいけどさあ。次は、霊界《れいかい》から日本刀を物質化して、ブチーッと斬《き》っちゃうかもな。

斎藤　（笑）物質化ですか。分かりました。ありがとうございます。

里村　お願いいたします、沖縄《おきなわ》知事とかを。

## 幸福実現党への再度の叱咤激励《しったげきれい》

橋本龍太郎　いやあ、口だけうまいのがいっぱい揃《そろ》って。もうちょっと何ともならんのかなあ、君らは、ほんっとにもう。ええ？
やっぱりねえ、ペンだって、もう一段ねえ……。「ペン」と「剣」は、戦えなきゃいけないいんだなあ。

斎藤　ペンをもう一段強く。はい。

橋本龍太郎　だからねえ、ピシーッと「筆誅《ひっちゅう》」を加えなきゃいかんのよな。

宇田　はい。では、これからも正々堂々と頑張ってまいりますので。ありがとうございました。

橋本龍太郎　なんだよ。おまえは、教祖の褌《ふんどし》を借りて、いっぱい巻いてやってるから、ほんとに情けない。もう白虎隊《びゃっこたい》みたいな、上野《うえの》の山で腹を切らないかんような感じだよ、ほんとなあ。

里村　彰義隊《しょうぎたい》ですね。

橋本龍太郎　ええ？　彰義隊か、あれは。

里村　ええ。

橋本龍太郎　いいや。そんなの、似たようなもんだよ。

里村　はい。

橋本龍太郎　とにかくね、もう勝ち目がないんだからさあ。見てて腹が立っていうか。

里村　分かりました。「お腹立ちということは、期待もある」ということで、そう承《うけたまわ》ります。

橋本龍太郎　応援のしようがないよ。応援のしようがない。

斎藤　本心は「応援したい気持ち」が伝わってまいりました。

橋本龍太郎　だから、百倍ぐらいに膨《ふく》らまさないと、これはどうにもならないんだからさあ。ええ？　もう、どうにもなんねえよ、これ。

里村　これからもぜひ、叱咤激励《しったげきれい》を、よろしくお願いいたします。

橋本龍太郎　君たちは蟻《あり》の目で這《は》ってるからさあ、地上を。これで、「第二東京タワーを認識しろ」って言ったって無理は無理だから。どうしようもないからなあ。（舌打ち）いやあ、腹立つなあ、ほんとなあ。

斎藤　最後に、また腹を立たせてしまって、すみませんです。

里村　あの、お腹立ちにきちんとお応《こた》えして、私らなりの答えを出せるように頑張ってまいります。

橋本龍太郎　「答え」を出して、教祖一人の教団だと分かったら、店をたたみなさい、早くね。それで、小さくするんだよな。

宇田　いや、そうならないように頑張ります。

斎藤　必ず頑張ってまいります。

里村　今日は、ありがとうございました。

橋本龍太郎　うん、うん。

宇田　ありがとうございました。

## 12 「橋本龍太郎元総理の霊言《れいげん》」を終えて

大川隆法　（手を二回叩《たた》く）うーん……（笑）。何とも言いがたい方ですが、あまり嘘《うそ》はない方なのでしょう。そんな感じはしました。

宇田　はい。正直な方ですね。

大川隆法　あまり嘘はない方なのでしょうから、そういう意味で、負けるときの負けっぷりはよいのかもしれません。

これに比べれば、確かに、安倍《あべ》さんなどは、妙《みょう》に老獪《ろうかい》なところがありますね。あのあたりは、いろいろな人に学んだところがあるのかもしれませんけれどもね。

宇田　そうですね。

大川隆法　今日おっしゃっていたことは、両方とも当たっているとは思うので、こちらももう一頑張《ひとがんば》りしなければいけないし、残念ながら、政権交代可能圏《けん》まで入らないことには、いくらよいことを言っても通らないのも事実です。

里村　はい。

大川隆法　こちらにも、もう一つ、この世的に、自分たちをごまかしていたところがあるのであれば、それを乗り越《こ》えなければいけないでしょう。

宇田　はい。

大川隆法　少なくとも、「一般《いっぱん》の支持を取り込《こ》めていない」ということは事実です。「教団のなかでばかりやっていて、外に対しては弱い」というのは、はっきりしています。

彼ら政治家は、そのような固有の信者がいるわけではないため、そういう意味で、ちょっとしたスキャンダルでも消えてしまうところはあるので、もう一工夫《ひとくふう》、努力している部分があるのかもしれません。

「幸福の科学の信用そのもので、何千万人も投票させるだけの力はまだない」ということが現実なのでしょうから、やはり、政治にかかわっている人たちが、「信用の創造」をもう少ししないと駄目《だめ》だということですね。

宇田　はい。努力してまいります。

大川隆法　はい。

質問者一同　ありがとうございました。

## あとがき

一九九〇年代のバブル潰《つぶ》しと、日本の金融敗戦《きんゆうはいせん》に関しては、私も多少の意見は述《の》べていたので、残念でならない。これが中共《ちゅうきょう》の台頭《たいとう》を許し、現在の日本とアジアの防衛上の危機を招いたことは、とても残念である。マスコミが一斉《いっせい》に言い出すとたいていは間違った結論になるが、それを検証《けんしょう》したものが次の世論になることはまれである。

私はこれを、総理大臣経験者たちの霊言《れいげん》を通《とお》して検証し続けている。このシリーズは、決して「納涼《のうりょう》企画」でもなければ、「ホラー」でもない。「真実の眼《め》から見た正しさとは何か」を追究《ついきゅう》し続けているのみである。本書での橋本氏はとても率直《そっちょく》な方《かた》であるとの印象《いんしょう》を受けた。他の総理経験者の霊言と読み比べて、「政治的思考《せいじてきしこう》」を深められると、より一層《いっそう》、勉強が進むと思う。

二〇一六年　六月十七日

幸福《こうふく》の科学《かがく》グループ創始者兼総裁《そうししゃけんそうさい》
幸福実現党創立者兼総裁《こうふくじつげんとうそうりつしゃけんそうさい》　大川隆法《おおかわりゅうほう》

『橋本龍太郎元総理の霊言』大川隆法著作関連書籍

『新生日本の指針』（幸福の科学出版刊）
『世界を導く日本の正義』（同右）
『正義と繁栄』（同右）
『守護霊インタビュー　都知事　舛添要一、マスコミへの反撃』（同右）
『元大蔵大臣・三塚博「政治家の使命」を語る』（同右）
『宮澤喜一　元総理の霊言』（幸福実現党刊）
『平成の鬼平へのファイナル・ジャッジメント』（同右）

橋本龍太郎元総理《はしもとりゅうたろうもとそうり》の霊言《れいげん》

――戦後政治の検証と安倍総理への直言――

2016年6月19日　初版第1刷

著　者　　大《おお》川《かわ》隆《りゅう》法《ほう》

発行所　　幸福の科学出版株式会社

〒107-0052 東京都港区赤坂2丁目10番14号
TEL(03)5573-7700
http://www.irhpress.co.jp/

印刷・製本　株式会社 研文社

落丁・乱丁本はおとりかえいたします

ISBN978-4-86395-807-4 C0030

カバー photo：Drop of Light/Shutterstock.com ／写真：Fujifotos/ アフロ
本文 photo：時事／ AFP ＝時事／ dpa/ 時事通信フォト／ AP/ アフロ／
Kansai explorer ／ Harani0403 ／内閣官房内閣広報室

## 大川隆法霊言シリーズ・日本はなぜ低迷しているのか

# 宮澤喜一　元総理の霊言

### 戦後レジームからの脱却は可能か

失われた20年を招いた「バブル潰し」。
自虐史観を加速させた「宮澤談話」──。
宮澤喜一元総理が、その真相と自らの
胸中を語る。【幸福実現党刊】

1,400円

# 平成の鬼平への
# ファイナル・ジャッジメント

### 日銀・三重野元総裁のその後を追う

20年不況の源流であり、日本の好景気
を潰した三重野元総裁は死後どうなっ
ているのか!? その金融・経済政策が、
いまジャッジされる！【幸福実現党刊】

1,400円

# 「河野談話」
# 「村山談話」を斬る！

### 日本を転落させた歴史認識

根拠なき歴史認識で、これ以上日本
が謝る必要などない!! 守護霊インタ
ビューで明らかになった、驚愕の新証言。
「大川談話（私案）」も収録。

1,400円

※表示価格は本体価格（税別）です。

## 大川隆法ベストセラーズ・安倍政権の本質に迫る

# 自由を守る国へ

### 国師が語る「経済・外交・教育」の指針

アベノミクス、国防問題、教育改革……。国師・大川隆法が、安倍政権の課題と改善策を鋭く指摘！ 日本の政治の未来を拓く「鍵」がここに。

1,500円

# 吉田松陰は安倍政権をどう見ているか

靖国参拝の見送り、消費税の増税決定――めざすはポピュリズムによる長期政権? 安倍総理よ、志や信念がなければ、国難は乗り越えられない!【幸福実現党刊】

1,400円

# プーチン 日本の政治を叱る

### 緊急守護霊メッセージ

日本はロシアとの友好を失ってよいのか？ 日露首脳会談の翌日、優柔不断な日本の政治を一刀両断する、プーチン大統領守護霊の「本音トーク」。

1,400円

# 幸福実現党の目指すもの

## 幸福実現党宣言

**この国の未来をデザインする**

**大川隆法　著**

政治と宗教の真なる関係、「日本国憲法」を改正すべき理由など、日本が世界を牽引するために必要な、国家運営のあるべき姿を指し示す。

1,600円

## 政治革命家・大川隆法

**幸福実現党の父**

**大川隆法　著**

日本よ、「自由の大国」を目指せ。そして「世界のリーダー」となれ——。日本の政治の問題点とその具体的な打開策について「国師」が語る。

1,400円

## 一緒に考えよう! 沖縄

**ロバート・D・エルドリッヂ**
**釈量子　共著**

在沖海兵隊元幹部と幸福実現党党首が、日本と沖縄の未来を語り合う。「在日海兵隊」「反基地運動」「沖縄返還」などの視点から、沖縄問題の本質に迫る。【幸福実現党刊】

1,204円

## 幸福実現党テーマ別政策集 4
## 「未来産業投資／規制緩和」

**大川裕太　著**

「二十年間にわたる不況の原因」、「アベノミクス失速の理由」を鋭く指摘し、幸福実現党が提唱する景気回復のための効果的な政策を分かりやすく解説。【幸福実現党刊】

1,300円

※表示価格は本体価格（税別）です。

# 幸福の科学グループのご案内

**宗教、教育、政治、出版などの活動を通じて、地球的ユートピアの実現を目指しています。**

## 幸福の科学

一九八六年に立宗。信仰の対象は、地球系霊団の最高大霊、主エル・カンターレ。世界百カ国以上の国々に信者を持ち、全人類救済という尊い使命のもと、信者は、「愛」と「悟り」と「ユートピア建設」の教えの実践、伝道に励んでいます。

（二〇一六年六月現在）

## 愛

幸福の科学の「愛」とは、与える愛です。これは、仏教の慈悲《じひ》や布施《ふせ》の精神と同じことです。信者は、仏法真理をお伝えすることを通して、多くの方に幸福な人生を送っていただくための活動に励んでいます。

## 悟り

「悟り」とは、自らが仏の子であることを知るということです。教学《きょうがく》や精神統一によって心を磨き、智慧《ちえ》を得て悩みを解決すると共に、天使・菩薩《ぼさつ》の境地を目指し、より多くの人を救える力を身につけていきます。

## ユートピア建設

私たち人間は、地上に理想世界を建設するという尊い使命を持って生まれてきています。社会の悪を押しとどめ、善を推し進めるために、信者はさまざまな活動に積極的に参加しています。

国内外の世界で貧困や災害、心の病で苦しんでいる人々に対しては、現地メンバーや支援団体と連携して、物心両面にわたり、あらゆる手段で手を差し伸べています。

年間約３万人の自殺者を減らすため、全国各地で街頭キャンペーンを展開しています。

公式サイト　www.withyou-hs.net

ヘレン・ケラーを理想として活動する、ハンディキャップを持つ方とボランティアの会です。視聴覚障害者、肢体不自由な方々に仏法真理を学んでいただくための、さまざまなサポートをしています。

公式サイト　www.helen-hs.net

# 教育

## 学校法人 幸福の科学学園

学校法人 幸福の科学学園は、幸福の科学の教育理念のもとにつくられた教育機関です。人間にとって最も大切な宗教教育の導入を通じて精神性を高めながら、ユートピア建設に貢献する人材輩出を目指しています。

**幸福の科学学園**

**中学校・高等学校（那須本校）**
2010年4月開校・栃木県那須郡（男女共学・全寮制）
TEL **0287-75-7777**
公式サイト **happy-science.ac.jp**

**関西中学校・高等学校（関西校）**
2013年4月開校・滋賀県大津市（男女共学・寮及び通学）
TEL **077-573-7774**
公式サイト **kansai.happy-science.ac.jp**

**仏法真理塾「サクセスNo.1」** TEL **03-5750-0747**（東京本校）
小・中・高校生が、信仰教育を基礎にしながら、「勉強も『心の修行』」と考えて学んでいます。

**不登校児支援スクール「ネバー・マインド」** TEL **03-5750-1741**
心の面からのアプローチを重視して、不登校の子供たちを支援しています。
また、障害児支援の**「ユー・アー・エンゼル！」運動**も行っています。

**エンゼルプランV** TEL **03-5750-0757**
幼少時からの心の教育を大切にして、信仰をベースにした幼児教育を行っています。

**シニア・プラン21** TEL **03-6384-0778**
希望に満ちた生涯現役人生のために、年齢を問わず、多くの方が学んでいます。

**NPO活動支援**

学校からのいじめ追放を目指し、さまざまな社会提言をしています。また、各地でのシンポジウムや学校への啓発ポスター掲示等に取り組む一般財団法人「いじめから子供を守ろうネットワーク」を支援しています。

公式サイト **mamoro.org**
相談窓口 **TEL.03-5719-2170**
ブログ **blog.mamoro.org**

# 政治

## 幸福実現党

内《ない》憂《ゆう》外《がい》患《かん》の国難に立ち向かうべく、二〇〇九年五月に幸福実現党を立党しました。創立者である大川隆法党総裁の精神的指導のもと、宗教だけでは解決できない問題に取り組み、幸福を具体化するための力になっています。

幸福実現党 釈量子サイト
**shaku-ryoko.net**

Twitter
**釈量子@shakuryoko**
で検索

党の機関紙
「幸福実現NEWS」

## 幸福実現党 党員募集中

### あなたも幸福を実現する政治に参画しませんか。

○ 幸福実現党の理念と綱領、政策に賛同する18歳以上の方なら、どなたでも党員になることができます。

○ 党員の期間は、党費(年額 一般党員5千円、学生党員2千円)を入金された日から1年間となります。

### 党員になると

党員限定の機関紙が送付されます。(学生党員の方にはメールにてお送りします)申込書は、下記、幸福実現党公式サイトでダウンロードできます。

住所:〒107-0052
東京都港区赤坂2-10-8 6階
幸福実現党本部

TEL **03-6441-0754**
FAX **03-6441-0764**
公式サイト **hr-party.jp**
若者向け政治サイト **truthyouth.jp**